三好真史

通知表の評定に
もう困らない！
教育の見方が変わる！

学習評価入門

フォーラム・A

はじめに

「学習評価」について、あなたはよく理解できているでしょうか。

学校現場で、当たり前のように用いられている「評価」という言葉について、「はっきりと理解できている」と答えられる先生は少ないものです。

授業論については深く考えていたとしても、評価に関しては「評価って、難しいよねぇ……」とお茶を濁してしまう先生がほとんどです。

私は、小学校教師として十数年間勤めてきました。

私自身が、評価についてどうだったかといえば……

やはり私も、評価については、イマイチ理解できていませんでした。

自分なりに書籍を読んでみて、解釈し、実践を試みていました。

しかし、評価の内容というのは複雑で、分からないことばかりでした。

評価は思想に基づいており、表面的に学んでもなかなか理解できません。それに何より、サラリと出てくる用語の理解が難しく感じられました。

そこで小学校教師を休職し、大学院に入り、評価について研究することにしました。

大学院で理論を学び、そのうえで、あらためて具体的な評価と評定の方法について考案しました。

特に、学校現場での困り事といえば、「通知表の評定をどのようにするか」ということがあると考えられます。通知表は多くの場合、学習指導要領の成績決定に結びつけられます。そのため、客観性と信頼性も重視されます。そこで本書では、評定を決めるための具体的な方法について提案します。

また、取り組み方についても、実現可能な範囲を想定してまとめました。

評価の思想や用語については難解なので、言葉による解説だけでは理解が難しいものです。マンガを通して、楽しみながら理解できるようにしました。

語句に関しても、教育現場になじみのある言葉に置き換えて説明しています。

図解も交えますので、それらを確認しながら、少しずつ理解しましょう。

学習評価について知れば、教育の見方が変わります。

授業づくりが変わります。

よりよい教育実践ができるよう、今一度、学習評価について学んでみようではありませんか。

もくじ

第1章　2種類の評価の違い

story 1「評価って、テストの結果でつけるものじゃないの?」…… 10
学習評価の2面性 …… 14
形成的評価とは …… 16
総括的評価とは …… 19
2つの評価を見分ける …… 21

第2章　パフォーマンス課題をする

story 2「学校は自動車教習所のようなもの」…… 26
横並びにして考える …… 29
パフォーマンス課題の必要性 …… 33
パフォーマンス課題の例 …… 36
パフォーマンス課題の設定方法 …… 38
ステップ①　単元を選ぶ
ステップ②　見方・考え方を確認する

ステップ③　具体的な課題で考える
パフォーマンス課題の必然性を生み出す …… 41
コラム●集団の評価物をどう評価するか …… 44

第3章　学力を評価する

ｓｔｏｒｙ３「知識と思考の評価は、どう違う？」…… 46
学力の評価について …… 48
「知識・技能」の評価と評定 …… 50
「思考・判断・表現」の評価と評定 …… 52

第4章　主体性を評価する

ｓｔｏｒｙ４「主体的に学習に取り組む態度」…… 56
「主体的に学習に取り組む態度」の評価と評定 …… 58
自己調整学習って何？ …… 62
ねばり強く学習に取り組む態度の側面 …… 66
パフォーマンス課題と日常の態度で評価する …… 69
コラム●「提出物を出さない子ども」「手を挙げない子ども」の主体性は、どう評価する？ …… 72

第5章　学力の関係性を捉える
story 5「CCAは、なぜダメなのか?」…… 76
学力の氷山モデル …… 78
学力の並行説モデル …… 82
第6章　ルーブリックをつくる
story 6「パフォーマンス課題の評価はどうする?」…… 86
ルーブリックのつくり方 1 …… 88
ルーブリックのつくり方 2 …… 93
第7章　子どもが評価に参加する
story 7「子どもが評価活動に参加する」…… 98
子どもが評価活動に参加する …… 100
ルーブリックをつくる …… 102
相互評価の効果 …… 105
相互評価を実行する …… 108
自己評価 …… 111

第8章　採点&評定テクニック

story8「テストとテストの点以外でつけるなんて無理!」 …… 114
パフォーマンス課題を添削する …… 116
ペーパーテスト以外では、3つの評価物を見るのが基本 …… 120
9点法のテクニック …… 122
ペーパーテスト+パフォーマンス課題の場合 …… 124
実技テストやパフォーマンス課題の比重を大きくしたい場合 …… 126
評定の区切りを決定する …… 128
コラム●評定の内容は子どもに伝えるほうがよい …… 132

第9章　各教科の総括的評価方法

各教科の評定方法 …… 136
「主体的に学習に取り組む態度」の評価テクニック …… 137
国語の評価テクニック …… 140
社会の評価テクニック …… 143
算数の評価テクニック …… 144
理科の評価テクニック …… 145

生活の評価テクニック……146
音楽の評価テクニック……147
体育の評価テクニック……148
家庭科の評価テクニック……149
図工の評価テクニック……150
外国語の評価テクニック……151
ｓｔｏｒｙ９「評価への認識」……152
おわりに……154
参考文献……157

第1章

2種類の評価の違い

story 1
評価って、テストの結果でつけるものじゃないの？
分からない
ズーン……
4年2組
担任　河合先生
成績のつけ方がぜんぜん分からない…
でも授業準備が忙しくて評価にまで手が回らない…
うーん、手本先生に聞いてみよう
というわけで、評価についてお聞きしたいんですけど……
うん。具体的には何をもとにして成績をつけているのかな
6年1組
担任　手本先生
ペーパーテストと……
……
……
えっ、それだけ？
えっと……それだけです

ダメですね！河合先生
お…大杉先生！
僕なんてね、全部メモしていますよ！ほら　帳簿にビッシリと！
小テストの結果、授業中の理解の記録…ぜーんぶ残してあります
これらすべてを成績づけに用いるのですよ！ふっふっふっ……
4年3組　担任　大杉先生
まあ　これのために夜遅くまで計算し続けているのですがね……
そういうのが大事っていうのは私だってわかっているんです……
でも全部の授業を評価するなんて全然、現実的じゃないんですよ
第一、評価するために授業してるんじゃないんですから！
キーーッ
ヤメテーっ
うーん　2人とも根本的に間違ってるよ
え？

どうやら2人とも「形成的評価」と「総括的評価」の違いが分かっていないようだね
け、形成的……？
大学の授業で聞いたことがあったような……ないような……
料理に例えてみれば形成的評価は味見
ちょっと味がうすいな… 塩を足そうか
総括的評価は最終ジャッジの評価だ
このスープは星4つ！
小テストなどの形成的評価は指導の途中で行われるもの
子どもの様子を見て理解の度合いがよくないようであれば次の授業を改善する
形成的評価は成績づけに用いられるものではないんだ
次は復習からだな…
何言ってるんですか記録すればするほど正確な評価になるじゃないですか
じゃあ聞くけど…
作った料理について「最終的にはおいしかったけど味見ではマズかったから星ひとつ」…なんて言われたら大杉先生はどう思う？
「それはまだ調理過程だ！」って思いますね
★☆☆☆☆
そう。だから形成的評価は成績づけには用いない
成績づけに用いるのは総括的評価だ
100
もちろん、ペーパーテストだけじゃダメだ
観点にあった評価方法で見ていくようにする

そう考えてみると
もしかして評価って
そもそもそんなに
負担がないもの……？
そうだね。
評価という言葉が
形成的評価と
総括的評価の
どちらを意味
しているのかを
まず考えなくては
ならないんだよ
はっ！
まさか、今まで
指導案に書いていた
「評価」というのも
……
ほとんどが
形成的評価
だろうね
ガーン
てっきり全部
成績に含めなきゃ
いけないものだとばかり
思ってました
評価って、
なんだか
思っていたのと
違いますね
評価っていうのは
成績をつけるものと
考えられがちだけど
それだけじゃないんだ
そもそも
評価というのは
教育効果を見て
授業改善に
活かされるために
あるものなんだ
できた！
うーん…
奥深いですね
私、もっと
評価について
知りたいです
僕もです！
じゃあ一緒に
評価について
考えてみよう
ハイ！

学習評価の2面性

▼働きかけの効果を確認する

学校教育における「評価」とは何か。

「評価といえば、通知表につける評定のことでしょう?」なんて考えてしまいがちですが、少し違います。さらに広い意味があるというのが正確なところです。

人間とは、動物の一種です。ご飯を食べて、寝てさえいれば育つものです。特に何もしなくても、それなりに大きくなっていきます。

しかし、人間はその発達に対して、意図的に働きかけることによって、発達を促進しようと試みています。これが教育です。

では、「働きかけているだけでよいのか」というと、そういうわけにはいきません。行われている教育活動が、うまくいっているのかどうかを確かめなければなりません。

働きかけによって、目標としている能力が思ったように育成されているかどうかを確認することが必要になります。これが、学習評価なのです。

つまり、評価というのは、どのように育てたいのかという「目標」ありきなのです。

評価を行うことによって、教育の効果を確かめ、授業改善に活かされることになります。これが、本来の学習評価のねらいとするところです。

子どもと保護者からの目線も考える

ただ、この捉え方は、あくまでも「教師からの目線」で考えたものです。

子どもや保護者は、評価をそのようには受け止めません。「そうか、僕の学習評価はC評価で、この評価をもとにして先生は、授業改善に取り組んでいくのだな！」と考える子どもは、まずいないでしょう。

子どもは「自分の学習の結果だ」として、そして保護者は「うちの子どもの努力の成果だ」として、評価を受け止めています。子どもは評価を通して、自らの学びを確認し、今後の学習への心構えをつくります。

よって、評価については、教師からの目線と、子どもや保護者からの目線の両面から見ていかなくてはならないのです。

形成的評価とは

▼2種類の評価

「評価」という言葉を聞いただけで、ゲンナリしてしまう先生がいます。

「別に、評価するために授業をやっているんじゃないんだ！」
「評価に縛られていると、授業が進められないじゃないか！」

あるいは、「評価」をやり過ぎている先生も見られます。

「全授業の評価を帳簿につけて、成績を決めていますよ」
「小テストの結果もすべて取り入れて、通知表の評定を決めています」

このように捉えてしまっている人は、「形成的評価」と「総括的評価」の意味が分かっていないことが考えられます。この２種類が見分けられないと、評価について理解することができません。２種類の評価の違いについて考えていきましょう。

味のチェックが形成的評価

まず、指導の途中に行われるのが、**「形成的評価」**です。

形成的評価は、「指導のための評価」とも呼ばれており、**意図した通りの教育効果がもたらされているかどうかを確認します。**

もしも、子どもの状態がよくないのであれば、授業が難しすぎるのかもしれません。その場合には、授業づくりに軌道修正が必要といえます。

授業の状態をチェックして修正する、それが形成的評価の役割になるのです。

料理にたとえて考えてみましょう。

料理をするときには、途中過程で味見をしますね。

「薄い……うーん、塩味が足りないな。もう少し足してみよう」「ああ、砂糖を入れ過ぎたな。水を足そうかな」というように、味見次第で修正を図るはずです。

この味見の過程こそが、形成的評価です。

授業においては、子どもの様子を見て、それをもとにして授業改善に役立てます。あくまでも、授業を改善するための評価なのです。したがって、形成的評価で成績をつけるようなことは、やりません。……というよりも、やってはならないのです。

なぜなら、料理の最終判定で、「結果的に美味しくなったけれど、味見の段階では美味しくなかったから1つ星！」なんて言われたら、あまりにもひどいと思いませんか。

授業における形成的評価も同じです。途中段階で成績をつけてはならないのです。

たとえば、単元の終わりに逆上がりができるようになった子どもに対して、「でも君は、単元の途中段階でできていなかったから、C評価だ！」なんて言ってしまうのは、酷な話です。

形成的評価のためのテストが、評定を出すための1つの資料として用いられると分かってしまうと、子どもは「いい成績を得ることは望めない」と考えてしまうようになります。そのようなことをくり返すと、「努力しても仕方がない」という気持ちにさせられてしまい、教育的には、逆効果になってしまうことになります。

大切なのは、形成的評価は学習課程の一部であって、子どもの能力を測定したり、評定をつけたりするための一部として使われるものではない、ということです。あくまでも、形成的評価というのは、**「チェック機能」**としての評価であると捉えましょう。

総括的評価とは

最終ジャッジが総括的評価

一方で、単元末や学期末、年度末など、学習の締めくくりに学習の到達点を把握するものを、**「総括的評価」**と呼びます。

総括的評価は、「記録に残す評価」とも呼ばれており、**これをもとにして、通知表や指導要録に書き記す評定を定めます。**

料理の例でいうと、完成した後の、最終ジャッジの場面ですね。

できあがった料理を口にしてみて、３つ星や４つ星や５つ星を定める。

これがまさに、総括的評価です。

たとえば、単元の終わりに逆上がりができるかどうかを見て成績をつける、というのが総括的評価の役割です。

塩味が足りないな。もう少し足してみよう。
料理するときの味見の役割
理解できていない子どもが多いな。次の授業は復習から始めよう。
小テスト
※成績づけには用いない

形成的評価…指導のための評価

この味なら4つ星だ。
料理するときの最終ジャッジ
96点だからA評価だな。
大テスト
96
※成績づけに用いる

総括的評価…記録のための評価

２つの評価を見分ける

▼評価アレルギーは評価の混同が原因

このように、形成的評価と総括的評価は、やっていることは似ているようで、目的がまったく違うのです。

両者が、同じ「評価」という言葉で語られるため、ややこしくなっているのです。教師に評価アレルギーを起こしている原因の大部分は、言葉の意味の勘違いにあるのではないでしょうか。

授業中の活動で考えてみましょう。

たとえば、国語の授業では、漢字の小テストを適宜実施していることでしょう。漢字の小テストを行うとして、その点数は、成績に含めるべきなのでしょうか。

「成績に含めるべきかどうか」は、その活動が、形成的評価なのか総括的評価なのか

を考えてみれば分かることです。

漢字の小テストというのは、10個や20個の漢字を学んで、それが本当に身についているかどうかを確かめているのですよね。

結果を見て、どの子が分かっていて、どの子が分かっていないのかを教師が把握するために行っているのです。

……ということは、漢字の小テストは、形成的評価なのです。

したがって、小テストの結果をいちいち書き留める必要はありません。（もちろん、書き留めて指導に活かすというのであれば有効な手立てではありますが）仮に書き留めたとしても、それを最終的な成績づけに用いてはならないのです。

それよりも、分かっていない子を把握して、その子に声をかけたり、その子に分かるように授業改善をすることのほうが、よっぽど必要ということになるのです。

そして、分からない子どもを分かるように育てて、そのうえで学期末の漢字の大テストを迎えるようにします。この学期末の漢字の大テストこそが、成績を決める総括的評価にあたるというわけです。

指導案の評価が、どちらの評価なのか考える

さて、形成的評価と総括的評価の違いが理解できたでしょうか。見分ける練習として、指導案に書かれている評価の言葉について見てみましょう。何か手元に指導案を1つ用意して、単元計画をじっくりと眺めてみてください。

そこに出てくる「評価」という言葉は、形成的評価でしょうか。それとも、総括的評価でしょうか。

見分けやすいのが総括的評価なので、そちらから考えていくとよいでしょう。**「単元の終わり」のあたりに書かれているのが総括的評価です。**「知識・技能」と「思考・判断・表現」に関しては、単元の終わりの部分が総括的評価と見てまず間違いないでしょう。**それ以外で評価と書かれているものは、成績の材料には用いないわけですから、形成的評価ということになります。**

このようにして捉え直してみると、「指導と評価の一体化といいながらも、帳簿に書き留めていない。私は、なんて悪い教師なんだ……」と罪悪感を覚えることはないのです。また、「評価で忙しすぎる！　そんな多くの評価をやるなんて、無意味じゃないか！」という言葉も、的外れな話だとお分かりいただけるのではないでしょうか。

形成的評価について構え過ぎないようにする

形成的評価は、味見なわけですから、それほど大きく構えなくてもよいのです。

たとえば、授業の後にノートをざっとチェックして、「ああ、この子が理解できていないんだな」と把握する。これだけでも、十分に形成的評価として機能しています。

授業中に子どもたちのワークシートを見て回り、「あの子が分かっていないんだな。今度の授業では、あの子に分かるように説明しよう」と考えるのは、形成的評価です。

手を挙げている子と、挙げていない子を見る。これも、形成的評価の一つです。

形成的評価は、子どもの様子を把握し、授業改善に役立てるものなので、すべてを綿密に帳簿へ記録をつけていく必要はありません。

「え？　その程度のことなら、普段の授業からやっているけど？」

そう思われたのではないでしょうか。

そうなんです。すでにほとんどの先生ができているのです。

ですから、形成的評価については、構え過ぎないようにしましょう。

形成的評価と総括的評価のねらいをきちんと捉えておけば、さらに評価も授業も、シンプルで効果的なものになるはずです。

第2章 パフォーマンス課題をする

story 2
学校は自動車教習所のようなもの
成績をつけるにあたっては3観点それぞれの特徴を捉えて適切な評価をしていかなくてはならない
簡単にまとめると3つの評価の観点はこのような内容だ
知識・技能 …知っている・できる
思考・判断・表現 …わかる・使える
主体的に学習に取り組む態度 …学びを自己調整しようとしている
これらの3観点について何をもとに評価しているかな？
私は「知識・技能」と「思考・判断・表現」はペーパーテスト
「主体的に取り組む態度」は授業中の態度でつけています
なるほど
そのやり方には2つの問題がある
えっ？
「思考・判断・表現」については「使える」ことを求めているのに使いこなすテストをやっていない
ペーパーテストでは文章問題をやっていますよ。知識をつかいこなしてそうですけど
文章問題は文章を読んで記憶しているものを当てはめているだけかもしれない
「合わせて」…って書いてるから足し算だ！
「使いこなしている」とまでは言えない
ペーパーテストだけでは足りないんだよ
うぐっ たしかに……

また「主体的に学習に取り組む態度」については自らの学習を調整しようとしているかを見るのにそれも評価できていない
発表やノートを見ていますよ？
計画
遂行
自己評価
自己調整力は「計画、遂行、自己評価」のサイクルなんだ
発表やノートだけでそのサイクルを評価できるかい？
ああっ…
いわゆる一斉授業の中だけでは自己調整力を見るのは難しいんだ
じゃあどうすればいいんですか？
わかる人～？
ハイ！
パフォーマンス課題を設定するのが必要だ！
パフォーマンス…？？
手品をやらせるとか…？？
ぜんぜん違～う！
たとえば自動車教習所の卒業試験にはペーパーテストと実技試験がある
この実技試験がパフォーマンス課題のようなものだ
なるほど…

もしも教習所が実技試験なしだったらどうなるかな？
ペーパーテストだけ♪
ドカーン
たくさん事故が起こりそうですね！
ゾゾ～
そうだね「知っている」「できる」だけではなく「使える」ようになってこそ理解できたと言えるんだ
知っている・できる
使いこなせる
教習所の試験のように学校においても知識やスキルを使いこなす課題を与える
My name is Miki.
これがパフォーマンス課題なんだ
パフォーマンス課題を設定するとどうなる？
使いこなせるかどうか評価できます
計画
遂行
自己評価
しかも取り組みの様子から自己調整力の評価も可能になりますね！
今回のスピーチは…次回やるときはココに気をつけよう
そう。パフォーマンス課題にはこんなものもあるぞ
作品タイプ
・レポート
・小論文
・詩
・小説
・ポスター
・新聞
実技タイプ
・討論
・試合
・発表会
・プレゼンテーション
・ロールプレイ
・実演
表現する課題を与えるってことですね
作文とか試合討論などは今まででも取り組んでいました
そうか、ペーパーテストに加えて、パフォーマンス課題を評価すればいいんですね
その通り。子ども達に使いこなす課題を与えてみよう

横並びにして考える

▼足りないところを補うには？

総括的評価で子どもたちの能力を見るためには、観点それぞれに適した評価方法をとることが必要です。

3観点の評定をつけるにあたって、あなたは何をもって定めているでしょうか。

下の図のように、観点を横並びにして、評定をつけるための材料について考えてみましょう。

「成績は、客観テスト（ペーパーテストや実技テスト）でつけるものでしょう。『主

知っている・できる
わかる・使える
学びを自己調整しようとしている
知識・技能
思考・判断・表現
主体的に学習に取り組む態度

総括的評価における3観点

体的に学習に取り組む態度』については、日常的なノートと、発言内容で評価しています」

そう答える先生が、おそらく大半ではないでしょうか。その場合であれば、横に並べたときに、下の図のようになります。

この図には、問題が2つあります。

1つ目は、「思考・判断・表現」の評価について、「使いこなす」という力を求めているにもかかわらず、評価ができていないことです。

図を見てみると、空白部分がありますね。

「思考・判断・表現」の評価では、身につけた力が使える知識になっているかどうかを試さなければならないわけですが、そういう授業を行っていないし、評価もしていないと

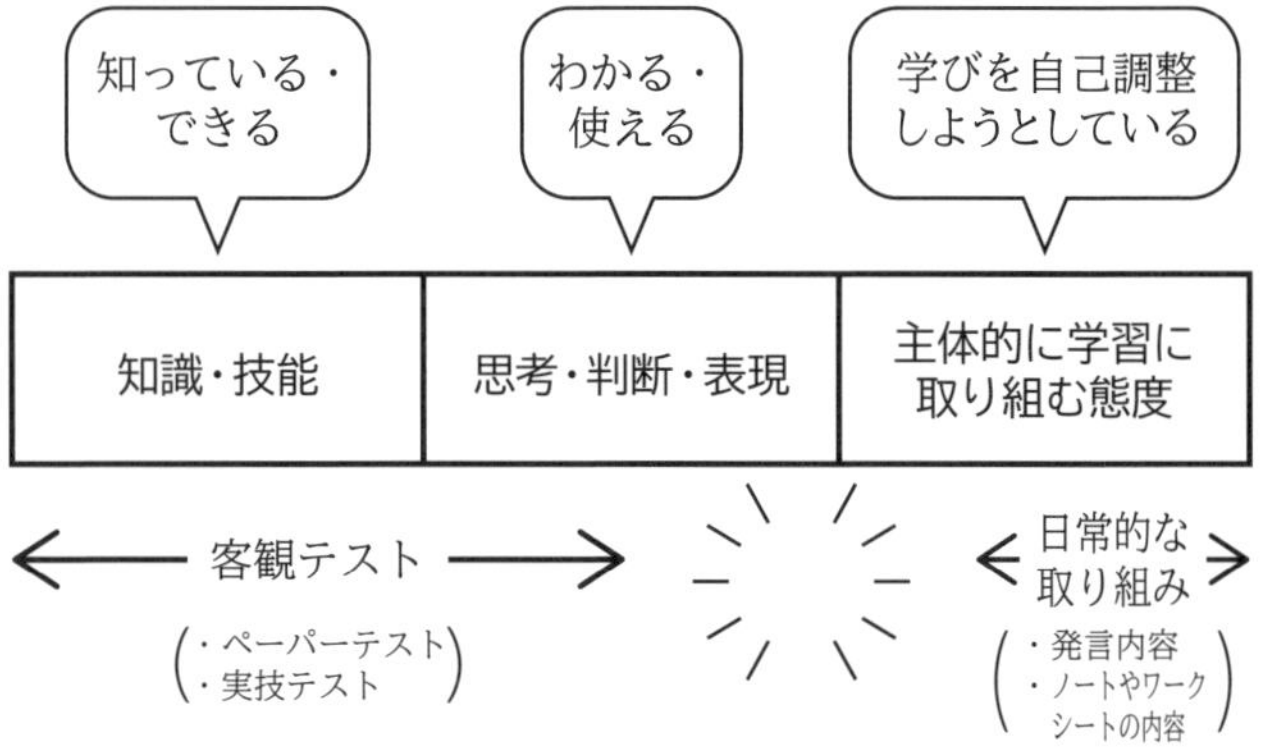

知っている・できる
わかる・使える
学びを自己調整しようとしている
知識・技能
思考・判断・表現
主体的に学習に取り組む態度
客観テスト
・ペーパーテスト
・実技テスト
日常的な取り組み
・発言内容
・ノートやワークシートの内容

いうことになります。

２つ目は、「主体的に学習に取り組む態度」について、日常的な取り組みだけしか評価できていません。

「主体的に学習に取り組む態度」は、自らの学習を調整する力を見るわけですが、日常的な取り組みだけでは、これを評価することができないのです。

では、どのようにすれば、これらの問題を解決できるのでしょうか。

ここで必要になるのが**「パフォーマンス課題」**です。

パフォーマンス課題というのは、知識やスキルを使いこなすことを求める問題や、課題などへの取り組みを通して評価する評価方法の総称です。

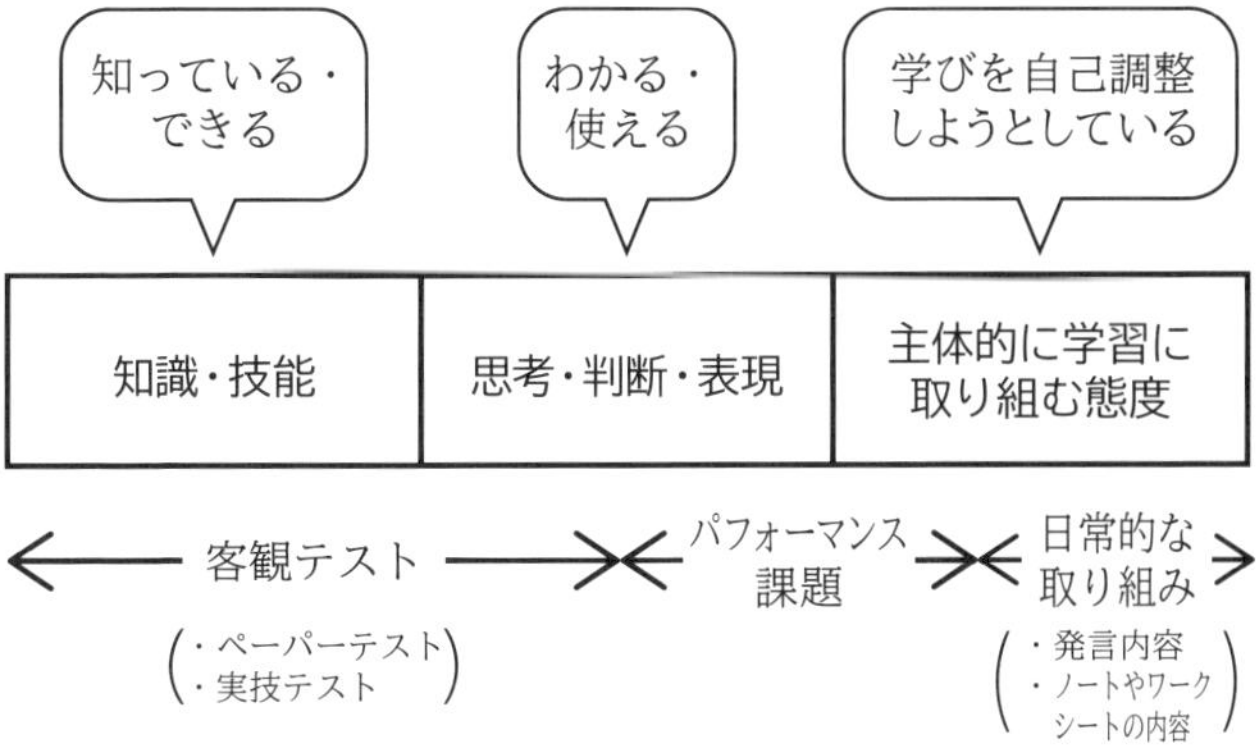
知っている・できる
わかる・使える
学びを自己調整しようとしている
知識・技能
思考・判断・表現
主体的に学習に取り組む態度
客観テスト
パフォーマンス課題
日常的な取り組み
・ペーパーテスト
・実技テスト
・発言内容
・ノートやワークシートの内容

石井英真『中学校・高等学校　授業が変わる学習評価進化論』（2023年）を参考に筆者作成。

知識や技能について習得できたとしても、「使えるかどうか」というのは、別問題です。

したがって、パフォーマンス課題を設定して、思考する必然性を生み出して、使いこなす力を養うとともに、身につけられているかどうかを評価するのです。そうしてみると、評価については前のページの図のようになります。

「思考・判断・表現」については、ペーパーテストに加えて、パフォーマンス課題で使いこなす力になっているかどうかを評価できます。

さらに、「主体的に学習に取り組む態度」についても、パフォーマンス課題を経て、自らの学習をふり返ることにより、自らの学びを自己調整しようとする側面を評価することができるのです。

総括的評価をより適切なものにするためには、評価の観点に合った内容で評定をつけることが必要です。

そのためには、「パフォーマンス課題が不可欠である」ということが、図にすることで見えてきたのではないでしょうか。

パフォーマンス課題の必要性

パフォーマンス課題について、まだ少しイメージが湧きにくいですね。車の運転免許の取得を例として考えてみましょう。

▼自動車教習所でのパフォーマンス課題

自動車教習所では、座学と実技を学びます。

座学で、交通や運転に関する知識について学びます。

実技では、教習所のコースを実際に運転して学びを確認します。

慣れてきたら、学んできた技術を駆使して、路上に出て定められたコースを走ります。

教習所でペーパーテストと、運転の試験の両方に合格して、ようやく教習所を卒業できるようになっています。

教習後半では、実際に路上に出てみて、「Ａという地点からＢという地点に移動して駐車しなさい」という試験があります。

パフォーマンス課題というのは、この運転の試験の部分を指しています。

つまり、学んだことについて、「本当に使える知識になっているかどうか」を確かめる課題を与えて、これを評価するということです。


現実の世界には、その分野の実力を試す舞台があるものです。

あなたの趣味で考えてみてください。

スポーツでいうと、試合や大会。

音楽でいうと、発表会やコンクール。

芸術分野でいえば、コンテストや個展などが、舞台にあたります。

パフォーマンス課題は、こうした舞台を、教室につくり出すように設定します。

ペーパーテスト

パフォーマンス課題

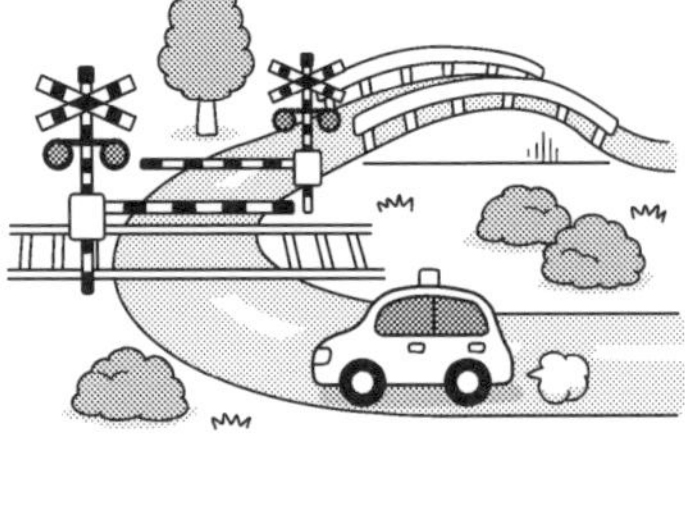

パフォーマンス課題…様々な知識やスキルを総合して使いこなすことを求める課題

パフォーマンス課題があると、子どもは発表に向けて自分なりに取り組みを進め、理解を深めていきます。教師は、子どもの学力が使える段階まで達しているか評価することができます。

パフォーマンス課題は、ペーパーテストでは通常扱えない子どもの理解力、複雑なスキル、思考を評価することができる点で特に役立つのです。

▼パフォーマンス課題は、毎単元実施するものではない

「なんだか大変そう！」と思われるかもしれませんが、それほど大変なものではありません。

そもそもパフォーマンス課題は、全単元で毎回実施するようなものではありません。

1教科ごとに、単元末や複数の単元をまとめるポイントで、1学期のうち1回ずつ程度は実施したいところです。

もしも学期中に、複数回実施するような場合には、最後の1回を総括的評価として見るようにするとよいでしょう。

パフォーマンス課題の例

2つの種類を捉えよう

パフォーマンス課題を出されると、子どもには思考する必然性が生まれます。
このパフォーマンス課題には、大きく分けて2つのタイプがあります。

①作品タイプ（作品として残るもの）

・レポート
・新聞
・小論文
・図表やグラフ
・詩
・模型
・小説
・絵画や彫刻
・ポスター
・動画の制作

②実技タイプ（その場で表現されるもの）

・討論　　　　　　・ロールプレイ
・試合　　　　　　・演奏
・発表会　　　　　・演劇
・口頭発表　　　　・実験器具の操作
・プレゼンテーション　・音読発表会

作品タイプ・実技タイプを比べて、どちらのほうが評価しやすいかというと作品タイプです。なぜかというと、実技タイプのものは消えてしまうからです。後からもう一度確認しようと思ってもできない。

そこで、ＩＣＴ機器の録画機能を積極的に活用しましょう。実技を録画したものを共有・提出させるようにしておけば、丁寧に評価することが可能になります。

パフォーマンス課題の設定方法

▼パフォーマンス課題設定の3ステップ

では実際に、パフォーマンス課題の設定について考えてみましょう。

教科書には、「チャレンジ問題」「ジャンプ問題」などパフォーマンス課題が掲載されていることがあるので、まずはそれに取り組むとよいでしょう。

自分で、パフォーマンス課題を設定するには、次の3段階に沿って行います。

学習指導要領や教科書を手元に置きながら、挑戦してみましょう。

ステップ①　単元を選ぶ

まずは、「知識やスキルを使いこなす」ような活動を取り入れるのに適した単元を選びます。たとえば、「社会科では、『明治時代の文明開化』の単元で実施しよう」というように、単元を決定します。

ステップ② 見方・考え方を確認する

次に学習指導要領を読み、単元でねらいとする目標を確認しましょう。それぞれの教科や単元ごとに、重視される目標があります。いわゆる各教科の「見方・考え方」と呼ばれるものです。この「見方・考え方」を参考にしながら、その単元で達成させるべき重要な目標について考えます。

たとえば、「明治時代の文明開化」については、次のような記載がありますので、これを重要な目標とします。

「世の中の様子、人物の働きや代表的な文化遺産などに着目して、我が国の歴史上の主な事象を捉え、我が国の歴史の展開を考えるとともに、歴史を学ぶ意味を考え、表現すること」

学習指導要領を元にして、単元で達成させるべき目標について考える

ステップ③　具体的な課題で考える

そして、目標とする資質・能力は、どのようなことができるようになれば身についたといえるのか、具体的な課題を考えます。これが、パフォーマンス課題に相当します。

たとえば、「明治時代の文明開化」の展開を考えるにあたっては、様々な手段が考えられます。「パフォーマンス課題の例」のページを見て、検討してみてください。

文明開化であれば、次の項目が実現可能といえるでしょう。

・レポート・小論文・ポスター・新聞
・図表やグラフ・模型・動画の制作
・討論・発表会・口頭発表
・プレゼンテーション・ロールプレイ
・演劇

文明開化の前と後をまとめて発表したり、話し合ったりすることができればいいですね

何ができれば目標とする資質・能力が身についたといえるのかを考える

パフォーマンス課題の必然性を生み出す

パフォーマンス課題には、それをやることの必然性を用意しなくてはなりません。

体育の試合などであれば、子どもたちの多くは楽しんでやっているので、「リーグ戦を実施します」と、そのままの形でも問題なく必然性を感じさせられるでしょう。

しかし、たとえば「文明開化の前と後を新聞にまとめなさい」などと言われれば、やるかもしれませんが、「なんでこんなことをやらなくちゃいけないんだ」と不審に感じながら、しぶしぶ取り組むことも予想されます。

活動に対する必然性がなければ、「使いこなそう」という気になりませんよね。

やりがいや意義、意味のある課題に取り組むとき、本当の意味で使いこなすことができているといえます。**そこで、パフォーマンス課題に取り組むことへの必然性を生み出します。**

これには、次の3つの方法があります。

1．クラス内へ発表する機会を設ける

クラス内へ発表する機会を設けることは、準備が容易でありながら、動機づけになります。

「文明開化について新聞にまとめて、クラス全体に発表しよう」

クラス内で話し合うこともよいでしょう。

「文明開化について、したほうがよかったのか、しないほうがよかったのか、討論をします」

2．クラス外へ発表する機会を設ける

パフォーマンス課題の設定にあたっては、クラス外へ発表する機会を設けると、よい動機づけになります。たとえば、参観日に設定すれば、「文明開化の変化の様子を、おうちの方に知ってもらいましょう」とすることができます。

ほかの学年へ向けて発表するのもいいかもしれません。

「文明開化について、1つ下の学年の人に教えてあげましょう」

ほかの学校という手段もあります。

「文明開化するべきだったかどうかを、他県の○○小学校と話し合うことになりました。自分の考えをまとめましょう」として、オンラインで討論の場を設けるのもよいでしょう。

3．仮想のシナリオをつくる

何もかもが現実の世界でできるようなものばかりではありません。また、発表の機会を設けたからといって、子どもにとって興味を惹きつける課題になるとも限りません。

そういった場合は、仮想のシナリオを設定してみましょう。

次の３つを仮想してみるのです。

- **役割「あなたは、～です」**
- **相手「相手は、～です」**
- **状況「～をすることになりました」**

たとえば、「新聞づくり」でのパフォーマンス課題であれば、次のように仮想することができます。

「あなたは、明治時代の新聞記者です。当時の町の人たちに向けて、どのような文明開化があったのか、新聞にまとめて知らせましょう」

このようにして仮想のシナリオを設定します。

シナリオを設定することによって、思考することへの必然性を生み出していくようにするのです。

子どもの実態に即したパフォーマンス課題を考え、実施してみましょう。

やることの必然性を用意する

コラム●集団の評価物をどう評価するか

パフォーマンス課題には、「個人でつくるもの」と、「集団でつくるもの」があります。どちらのほうが評価の難易度が高いかというと、集団でつくるほうです。

なぜなら、「だれが、どの部分をつくっているのか」がハッキリしないためです。そうなると、総括的評価の際に困ることになります。

そこで、集団で発表するのであれば、個人の担当が明らかになるように、要所に名前を書かせるようにしましょう。

たとえば、模造紙に書いて発表するような場合であれば、線で区切って、名前を明記します。

プレゼンテーションでも、発表者が明らかになるように、名前を書かせるようにします。スライド内に名前を書かせるようにするのです。

「どの部分を、誰が作成したのか」を書かせるようにしていれば、集団での制作物であったとしても、その名前を見て評価することが可能になります。

第3章

学力を評価する

3観点の総括的評価について具体的に知りたいです
story 3
知識と思考の評価は、どう違う？
じゃあまずは学力の評価から考えてみよう
河合先生は「知識・技能」と「思考・判断・表現」の評価ってどう違うのだと思う？
えっと……「知識・技能」は知っているかどうか。「思考・判断・表現」は考えているかどうか。
そのまますぎるかな……
違いますか？
惜しいね。両者の違いを見てみよう
教科の学力を図にして表してみるとこうなる
使える
わかる
知っている できる
「思考・判断・表現」
「知識・技能」
「知っている・できる」の学力は個別の「知識・技能」の習得を問う
穴埋めや選択式テストで見ることができる
水は（　）℃で蒸発する。
穴埋め
42＋9＝□
一問一答
元禄文化の中心になった地域は？
①上方　②江戸　③九州
選択式
ただ実技教科についてはペーパーテストだけでは見ることができないため実技テストで評価する
これが、「知識・技能」の総括的評価だ

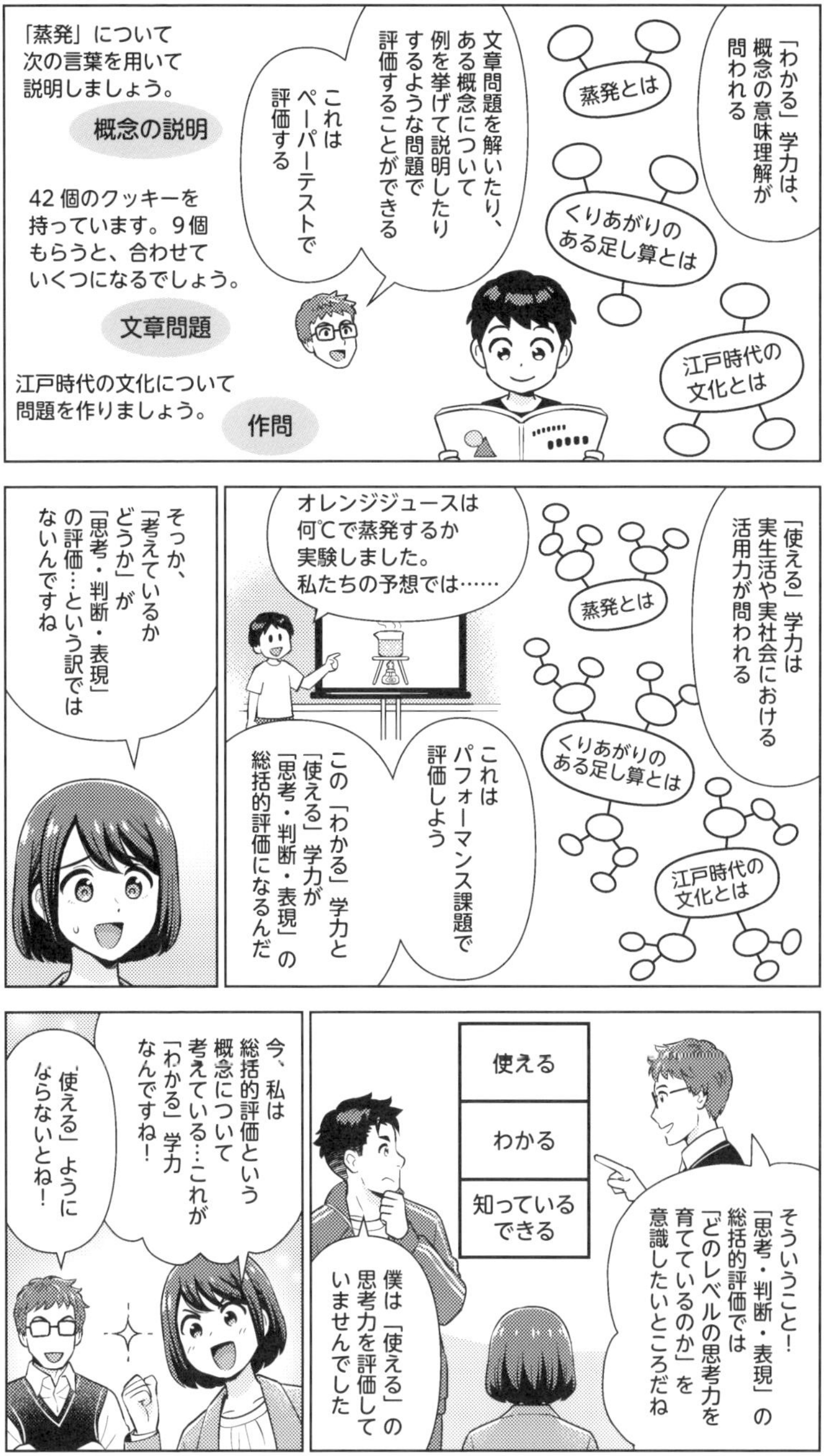

「わかる」学力は、概念の意味理解が問われる
蒸発とは
くりあがりのある足し算とは
江戸時代の文化とは
文章問題を解いたり、ある概念について例を挙げて説明したりするような問題で評価することができる
これはペーパーテストで評価する
「蒸発」について次の言葉を用いて説明しましょう。
概念の説明
42 個のクッキーを持っています。9個もらうと、合わせていくつになるでしょう。
文章問題
江戸時代の文化について問題を作りましょう。
作問
「使える」学力は実生活や実社会における活用力が問われる
蒸発とは
くりあがりのある足し算とは
江戸時代の文化とは
オレンジジュースは何℃で蒸発するか実験しました。私たちの予想では……
これはパフォーマンス課題で評価しよう
この「わかる」学力と「使える」学力が「思考・判断・表現」の総括的評価になるんだ
そっか、「考えているかどうか」が「思考・判断・表現」の評価…という訳ではないんですね
使える
わかる
知っている
できる
そういうこと！「思考・判断・表現」の総括的評価では「どのレベルの思考力を育てているのか」を意識したいところだね
僕は「使える」の思考力を評価していませんでした
今、私は総括的評価という概念について考えている…これが「わかる」学力なんですね！
「使える」ようにならないとね！

学力の評価について

「知識・技能」と「思考・判断・表現」の違い

総括的評価をよりよいものにしようと考えるのであれば、その内容を妥当なものにしなければなりません。ここでは、まず学力面の評価である「知識・技能」と「思考・判断・表現」の評価の定義するところについて考えてみましょう。

目標分類学に関する研究から見てみると、教科の学力については、およそ3つのレベルで捉えることができます。

・「知っている・できる」レベル
・「わかる」レベル
・「使える」レベル

　このうち、「知っている・できる」レベルの学力が「知識・技能」で、「わかる」「使える」レベルの学力が「思考・判断・表現」の評価対象ということになります。（わかるレベルを「知識・技能」に含む考え方もありますが、本書では「思考・判断・表現」に一括する立場をとります）

　「知識・技能」と「思考・判断・表現」については、「別のものではないか」と考えられがちなものですが、実はつながりがあるものなのです。

　また、それぞれの学力を測るためには、それに見合った評価方法を工夫することが求められます。

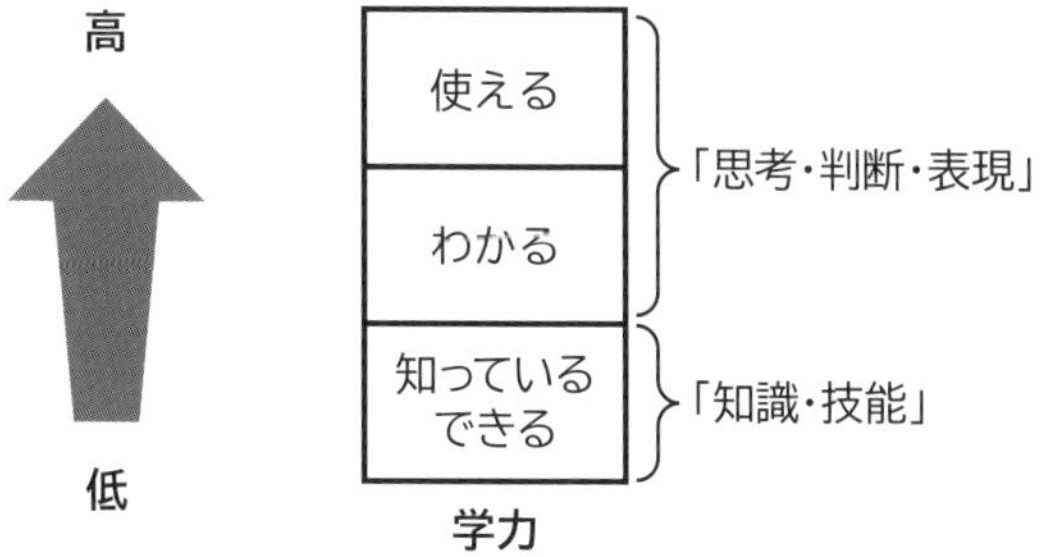

「知識・技能」と「思考・判断・表現」はつながりのあるもの

「知識・技能」の評価と評定

▼できるか・できないかを確かめる

「知識・技能」は、おもに**「知っている・できる」レベル**の力を評価します。知識をただ再認すること、再生すること、実行することです。課題をやらせてみると、「できる」「できない」がハッキリします。〇か×かが明確に分かれます。穴埋め問題や選択式の問題など、個別の「知識・技能」の習得を問うレベルの課題を解くことで確かめます。

子どもたちがどれほど「知識・技能」を習得したのか、定着させているかについて見るために行う評価は、3観点の評価の中でも特に分かりやすいものです。

たとえば、小学校においては、単元テストや学力調査のための業者テストや、自治体が作成した学力定着度テストなどがあります。中学校においては、中間テストや期末テストなどの定期考査や、小学校と同様の学力調査や学力定着度テストなどがあります。

ただし、「知識・技能」のうちでも、特に技能の部分について、教科によっては、ペーパーテストだけでは評価できないものがあります。

その場合は、**「実技テスト」**を実施します。**実技テストは、おもに国語、生活、理科、体育、音楽、家庭科などで、子どもに実際に実技を実施させ、そのレベルを測定する方法です。**たとえば、音楽ではリコーダーのテストや、歌唱テスト、国語では音読テストなどがあります。

１人ずつ、あるいは数人ずつしか行えず、時間がかかるため、実技テストの実施は敬遠されることがあります。しかし、実技テストを行うということは、実技の重要性を子どもへ伝えることにもなります。

実技テストは、後に紹介する「９点法」を用いて、評定へと結びつける要素とします。

「知識・技能」のポイント
（知っている・できる）

□にあてはまる
言葉を１～２から
選びなさい
穴埋め問題、
選択式など

①ペーパーテスト　②実技テスト（教科により必要な場合のみ）

「思考・判断・表現」の評価と評定

2種類の思考を見分ける

「思考・判断・表現」は、**「わかる」**レベルと**「使える」**レベルの2つのレベルで思考力を評価します。

「わかる」レベルは、概念の意味を理解していることを示します。「知っている・できる」レベルが知識の再生や実行であるのに対して、「わかる」レベルは、知識の重要な側面とそうでない側面を区別して、知識を統合したり象徴化したりすることを示します。たとえば、「室町時代の文化」や「発芽」などの概念を理解しているということです。テストでは、この理解を問うレベルの課題を解くことを求めます。文章問題を解いたり、作問をしたりするなどの応用問題を解くことで評価します。簡単にいえば、ペーパーテストの発展的な問題であり、「思考・判断」とされている部分です。

また、**「使える」レベルの思考というのは、現実の世界の文脈における知識・技能の**

総合的な活用力を求める課題を解く力です。何かの状況で知識を適用したり活用したりするプロセスです。実際に思考をともなう実践を行わせてみて、それができる力を評価します。２章で説明しているパフォーマンス課題が、これにあたります。

このようにして、「わかる」レベルと「使える」レベルの思考を、「思考・判断・表現」の評価として見ていきます。

ここで捉えなくてはならないのは、「考えさせている＝思考力を育てている」ではない、ということです。「考える力を育てているかどうか」ではなく、**「どのレベルの考える力を育てているのか」**という発想で捉えていかなければいけません。

「思考・判断・表現」のポイント（わかる・使える）

下の文章を読み
問題に
答えましょう
文章問題、
応用問題、
作問など
ヘチマの成長
?

①ペーパーテスト　②パフォーマンス課題

「使える」レベルの授業を実施する

一般的に、研究授業で「思考・判断・表現」の授業として設定されるのは、「わかる」レベルの思考を対象としていることが多いものです。「使える」レベルを求める授業は、ほとんど設定されることがありません。

それは、これまでの授業づくりでは、子ども一人ひとりの関心に合わせるような資料を用意したり、発表方法を選ばせたり、発表時間を設けたりするのが難しかったことが、その要因として考えられます。要するに、「手間がかかり過ぎた」のです。

しかし、現在ではＩＣＴ機器が充実しています。タブレットやパソコンを用いれば、それぞれの関心に合わせた内容を調べることができます。動画制作やプレゼンテーション、ポスターづくりなど、発表方法を自由に選ぶことも可能です。さらに、共有フォルダに制作物を入れて、鑑賞し合う時間を設ければ、発表に長い時間をとる必要もなくなります。

今や、「使える」レベルの思考をさせる環境が、十分に整っているのです。

教師の側が、「使える」レベルの思考にまで意識を向けられるかどうか。

時代の変化に合わせたマインド・チェンジが、今まさに求められているのではないでしょうか。

第4章 主体性を評価する

story 4
主体的に学習に取り組む態度
今度は主体性について考えてみよう
「主体的に学習に取り組む態度」の評価って……
よく分からないんです
今は何をもとに評価しているのかな？
ハイハイ!!
とりあえずいっぱい手を挙げている子をA評価にしています
あとは、提出物をキチンと出している子ですね
うーん。それだけだと入口しか見れていないな
入口？
学力にレベルがあるように主体性にもレベルがあるんだ
ヘーっ
主体的に学ぼう
この教科はおもしろい
やればできる
学び始めは学習に関心や意欲を抱く
やってみたい！
できるようになれば自己効力感を得る
やればできるんだ！
わかるようになってくると教科そのものに関心を抱くようになる
この教科はおもしろい！
使えるようになると知的態度が生じてくる
主体的に学ぼう！
この図でいうと下の方が入口で上の方が出口なんだ
どちらが「主体的に学習に取り組む態度」の評価対象だと思う？
出口
主体的に学ぼう
この教科はおもしろい
やればできる
入口
学びを自己調整しようとしているかを見るためには出口を見ないと分からないですね！

そうだね、だから パフォーマンス評価の 自己評価の内容 （ふり返り）で 評価しよう
今回の成果は ココで 次回はココに 気を付けよう！
じゃあ パフォーマンス評価 だけを見ればいい ってことですか？
そうとも言えない
授業は パフォーマンス課題 ばかりじゃなくて 日常の授業が 大半になるだろう
だから ノートと 授業態度も 加味しよう
じゃあやっぱり 私たちのやっていた 評価は、間違って いなかったんですね
ただし見るところは 「回数」とか「量」 とかでない。 「内容の質」を 見ることが 大事なんだ。
教科の見方・ 考え方を 働かせているかを 評価しよう
発言内容の質
ノートの内容の質
質かぁ〜
「主体的に学習に 取り組む態度」 の評価は 成績のつけ方に 注意が必要だ
やっては いけないことが いくつかあるよ
人間性を 評価する
教科に関係の ない部分を 評価する
管理の 道具にする
イエローカード！
あの子は性格が 悪いからな〜 …B評価！
手の挙げ方が 美しい！ A評価！
言う事を 聞かないと 成績が 下がるぞ〜
子どもが学びを 自己調整 できているかを 評価していこう
計画
遂行
自己評価
出口を見るように 意識してみます！

「主体的に学習に取り組む態度」の評価と評定

▼困難な情意領域の評価

「主体的に学習に取り組む態度」は、評価のあり方について、議論が分かれるところです。自己調整能力など、いわゆる情意に関わるものについては、「学力に含めるべきではない」という主張がしばしばなされてきました。

その理由は、次の2点に集約できます。

第1の理由は、意欲は生まれ持っての素質や性格によるところが大きく、知識や技能のように誰しもが学習によって身につけられるものではなく、学力に含めるのは適当ではないというものです。

第2の理由は、意欲は本人が振る舞おうとすればそうできるものであり、学習を要するものではないため、学力に含めるべきではないというものです。

ただ、学習と意欲は、本当に無関係なものなのでしょうか。

１９７０年代以降の動機づけに関する心理学研究では、意欲やその欠如状態としての無気力が、環境との相互作用の中で後天的に「学習」されるものであり、自分と自分を取り巻く環境に関する一種の認知がその中核をなしていることを明らかにしてきました。

たとえば無気力は、多くの失敗などから「自分はいくらがんばってもうまくいかない」という自己概念を機能的に「学んだ」ことによって起こるとされています。それならば、努力の有効性を学び直させれば無気力は改善されるのではないか。このような考え方に立ち、キャロル・ドウェックは極端に無気力と診断された８歳から13歳までの子ども６名を対象に、再帰属法と名付けた25日間のプログラムを実施します。

子どもたちは放課後に、15セットの算数の問題を解くように求められますが、合格基準が決められており、毎日２、３セットは基準に到達できずに失敗してしまいます。失敗に対して教師は、「あとどれだけ解けばよかったか」を告げて、さらに「失敗の原因は努力が足りなかった点にあり、気持ちを集中させて努力すべきだ」と諭します。気を取り直して努力した次のセットでは成功するという経験がくり返されました。

このプログラムの結果、子どもたちはねばり強さを身につけて、失敗に直面してもあきらめたり混乱したりすることなく挑み続けるようになり、成績も大きく改善されました。

このように、意欲は学力の影響を受けています。意欲は十分に教育的な育成や改善の対象となるのです。

むしろ、「主体的に取り組む態度」を正当に評価し、その子が質の高い問題解決を成し遂げられるように適切に育むことが望まれるといえるのではないでしょうか。

出口の意欲を見る

「主体的に学習に取り組む態度」には、「入口」と「出口」があります。

学び始めは、学習に意欲を持ち、達成による自己効力感を得て、教科への関心を抱くようになり、主体的に学ぼうとするようになります。学習の動機づけに関わる「入口」の部分では、自己調整力を評価することができません。たとえば、単元の1時間目は、学習に興味を持たせるような内容が設定されますが、それはあくまで「入口」であって、総括的評価の対象にはならないのです。

批判的に思考しようとする態度や、学び続けようとする意志などの意欲は、授業での学習を通してこそ、子どもの中に生じてくる価値の変化です。

したがって、**学習の結果として生まれた「出口」の部分を評価するようにしましょう。**

２つの側面から評価する

「主体的に学習に取り組む態度」の評価については、「自らの学習を調整」と「ねばり強い取り組み」という新しいキーワードが加えられています。

これらについては、言葉が難しく感じるので、丁寧に解説していきたいと思います。

具体的には、「主体的に学習に取り組む態度」の評価にあたっては、その趣旨に照らして、次の２つの側面が重要になるとされています。

①　知識及び技能を獲得したり、思考力、判断力、表現力などを身につけたりすることに向けたねばり強い取り組みを行おうとする側面

②　①のねばり強い取り組みを行う中で、自らの学習を調整しようとする側面

両者は別々のものではなく、実際の授業では、相互に関わり合いながら表れるといわれています。

とはいえ、これらの言葉は聞き慣れないものですので、どのような意味を含んでいるのか、それぞれ解説してみたいと思います。

自己調整学習って何？

▼「計画→遂行→自己評価」のサイクル

「自らの学習を調整」するというのは、「自己調整学習」と呼ばれる考え方です。

自己調整学習については、アメリカで1980年以降、積極的な研究が行われてきました。

「学び上手な学習者」というのは、学習のかじ取りの仕方が上手です。力の使い方が間違っていません。そのような、学びへの向かい方の重要性を提起するのが、自己調整学習の考え方です。

自己調整学習の理論家は、学習を「3つの段階の終わりのない過程」と見ています。その過程とは、次のようなものです。

①計画（見通し）…学習しようとする取り組みに先行して、学習の場面を設定する過程。

②遂行（取り組み）…学習の取り組みのことで、集中と遂行に作用する過程。

③自己評価（ふり返り）…学習の取り組みの後で生じ、その経験に対する学習者の反応に影響する過程。この自己評価は、今度は、次の学習の取り組みに影響する。

この3つの段階を、サイクルとしてグルグル回しているのです。

抽象的なので、少しイメージが湧きにくいですね。

そこで、初歩の学習者と、熟練した学習者で比較してみましょう。

例として、平凡な野球少年と元メジャーリーガーのイチロー選手で比べてみます。

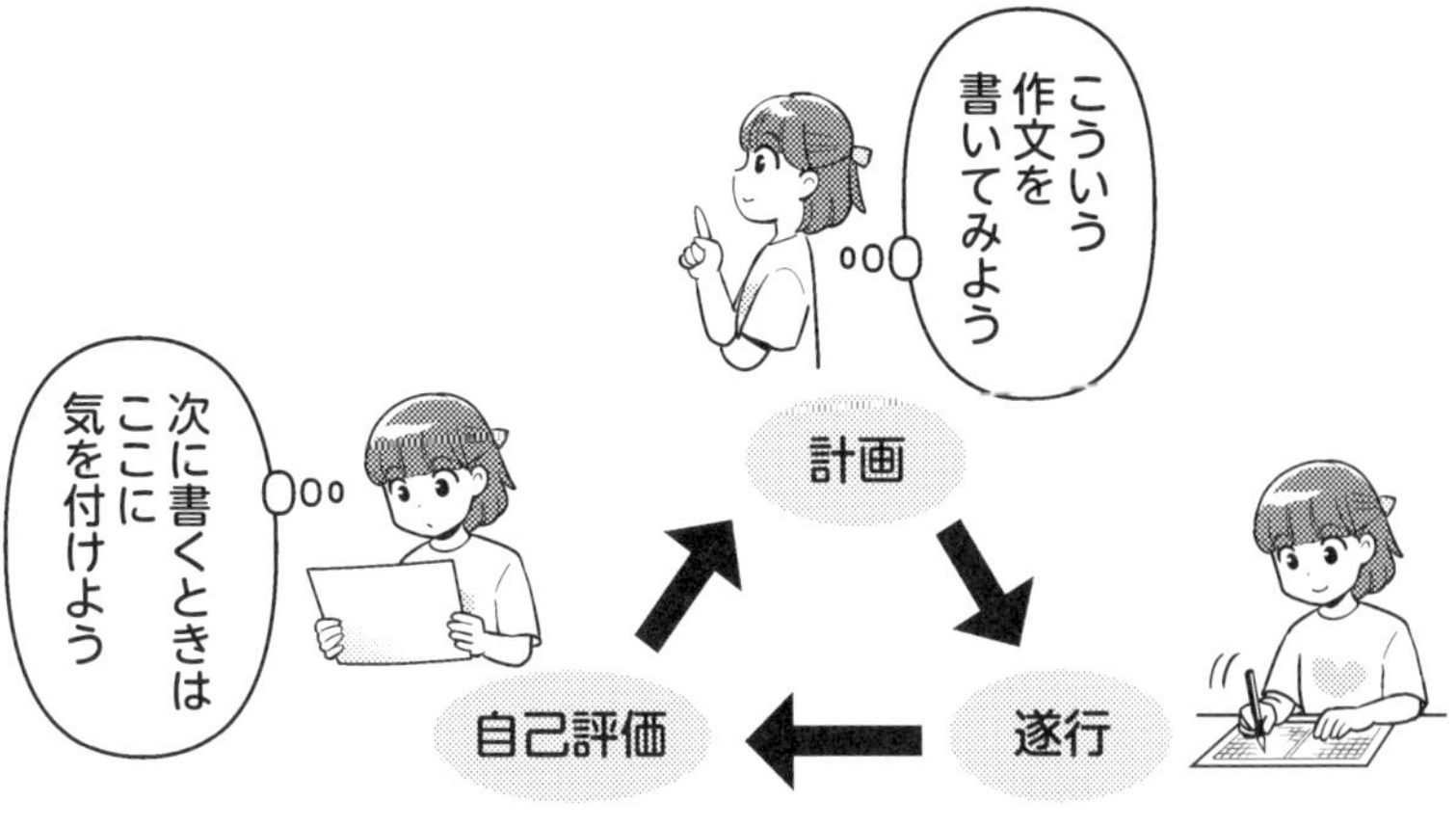

自己調整学習のサイクル

平凡な野球少年は、計画の時点で一般的で遠い目標を立てます。「夢はプロ野球選手になることです」といったところでしょうか。しかし、野球に関心があるかといえば、そこまで興味はなく、習っているからそう言っているだけなのです。無計画で練習に取り組んでいるため、遂行の段階では、あまりよい成績は出せません。自己内省の段階では、自己評価を避けており、コーチなどの他者からのフィードバックに頼りっきりになります。成功経験をほとんどふり返らないので、自己評価は、ゆっくりと下がっていきます。

一方で、一流の選手ではどうでしょうか。イチロー選手は、小学校の卒業文集に、次のように書いていました。

「僕の夢は、一流のプロ野球選手になることです。
そのためには中学、高校と全国大会に出て活躍しなければなりません。」

このように、特定の目標を立てていました。さらに、「一週間中で友達と遊べる時間は5、6時間です。そんなに練習をやっているのだから、必ずプロ野球選手になれると思います。」というように、高い自己効力感を抱いています。自己効力感というのは、

「やればできる」と感じていることです。そして、自ら立てた計画に基づいて、集中して練習に取り組みます。遂行に集中しているため、よい成績が出せます。自己評価の段階では、成功のはっきりとした経験をふり返って、自己効力感を高めていきます。中学・高校で活躍したイチロー選手は、そこからまた計画を練って、新しい目標に向けて取り組み続けてきました。サイクルを回しているのです。そうして、野球大国アメリカの地で「魔法使い」と呼ばれるほどに成功しました。

なにも、イチロー選手になろうという話ではありません。これは、野球選手でなくとも、画家でも、研究者でも、音楽家でも、どのような分野にも通じる話です。**成功する人は、学習を、与えられたものではなく、自分でやりとげるものとして見ている特徴を持つのです。**その自己調整力を、学校での学びを通して育んでいこうとするのが、「自らの学びを調整する」という言葉に表れているのです。

この自己調整する力は、ほとんどの子どもは小学校時代に発達させられると考えられています。

そのために、自己調整することの有用性を伝え、実感させ、自己調整するように動機づける授業をつくっていかなくてはならないのです。

ねばり強く学習に取り組む態度の側面

▼ねばり強さとは？

「ねばり強く学習に取り組む態度」に影響を与えているのが、アメリカのアンジェラ・ダックワース教授らが提唱しているGRITの考え方です。ダックワース教授は、「成功する人」と「一般的な人」の違いに目を向けた研究を行いました。

みなさんは、成功する人には、どのような共通点があると思いますか。

一般的には、「成功する人は、賢いのではないか」や「才能があるのではないか」というように考えられがちなものです。

しかし、世の中で成功して偉大な成果をあげている人は、必ずしも学校の成績がよいわけではありません。才能に満ちあふれる人ばかりではないのです。

たとえば、「種の起源」を書いたダーウィンは、瞬時に洞察を得るような鋭いタイプではありませんでした。むしろ、コツコツとじっくり取り組むタイプだったそうです。

本人の自伝には、裏付けとなるくだりがあります。


「頭のよい人の中には、直感的な理解が卓越している人がいるが、私にはそうした能力はない」

「私がふつうの人より優れている点は、ふつうなら見逃してしまうようなことに気づき、それを注意深く観察することだろう。観察にかけても、事実の集積にかけても、私は非常に熱心にやってきた。さらに、それにも増して重要なことは、自然科学に対して尽きせぬ情熱を持ち続けていることだ」


ダーウィンは、ふつうの人ならとっくにあきらめて、もう少し易しい問題に取り組むような場合でも、あきらめずに同じ問題を解き続けたとされています。ここから、「頭のよさ」そのものが偉業に結びつくわけではない、ということが見えてきます。

ダックワース教授は、「一般的な人」と「成功する人」の相違点は、次の４つにまとめられるとしています。

①　遠くの目標を視野に入れて努力している
②　いったん取り組んだことは気まぐれにやめない
③　意志力の強さ、ねばり強さ
④　障害にぶつかっても、あきらめずに取り組む

総括として、ダックワース教授は次のように結論を述べています。

「知能のレベルは最高ではなくても、最大限のねばり強さを発揮して努力する人は、知能のレベルが最高に高くてもあまりねばり強く努力しない人より、はるかに偉大な功績を収める」

つまり違いは**「やり抜く力」**の差であるとしているのです。

この「やり抜く力」は、英語で『ＧＲＩＴ』と呼ばれています。これが、現在「ねばり強く学習に取り組む態度」の考え方に影響を与えているところであると考えられます。

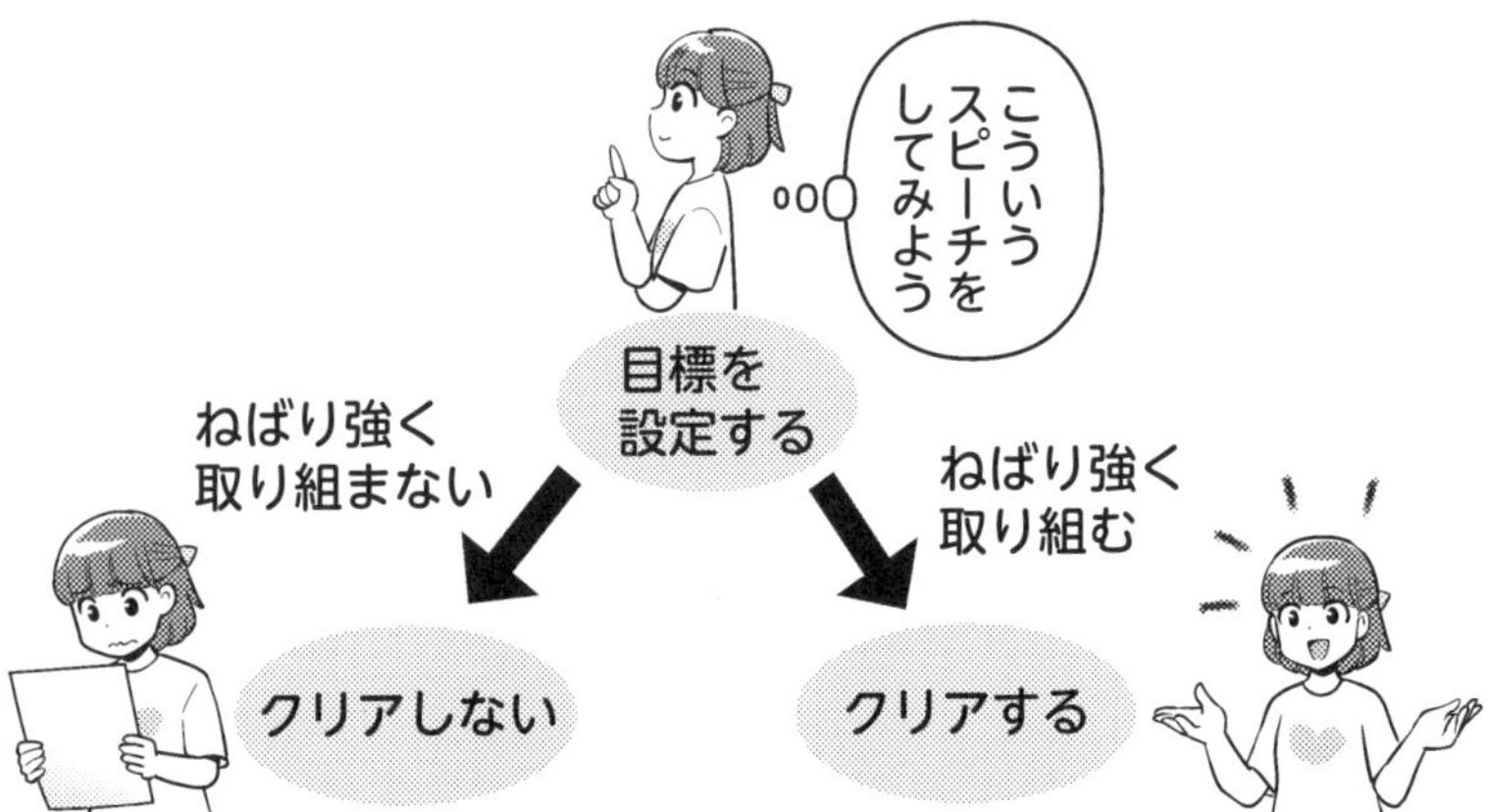
こういうスピーチをしてみよう
目標を設定する
ねばり強く取り組まない
ねばり強く取り組む
クリアしない
クリアする

「やりぬく力」（GRIT）の差

パフォーマンス課題と日常の態度で評価する

▼パフォーマンス課題を通して2つの側面を評価する

では、「ねばり強く学習に取り組む態度」と「自己調整学習」という側面について、授業単元の中のどの部分で見るのか、ということを考えなくてはなりません。**これらについては、1時間という短い単位の中で考えるものではありません。長期的に、制作したり、発表に向けて取り組むような課題を通して育むことが想定されます。まさに、パフォーマンス課題が適しているといえます。**

２章（35ページ）で述べたように、学期に１回程度は、パフォーマンス課題の機会をつくります。

パフォーマンス課題は、自分なりの表現を求められるものですから、時間がかかり、苦労もともないます。ここで、試行錯誤のある学習活動で自己調整して、その過程を通してねばり強く学習に取り組む態度を育てて、それで主体性を評価するのです。

これら2つの側面については、従来から行われてきたような「教師が子どもに教える授業スタイル」だけでは成立し得ないものです。最後までやり抜くことで、ねばり強く学習に取り組む態度が育ちます。さらに、パフォーマンス課題の計画を立て、遂行し、自己内省に取り組むことで、自己調整学習も可能になります。

2つの側面を合わせて考える

2つの側面は別のことをいっているようで、似ている部分があります。自己調整する態度が身についているのであれば、ねばり強く学習に取り組む態度は育っているといえます。なぜなら、自己調整できなければ、最後までやり抜くことはできないためです。反対に、ねばり強く学習に取り組む態度が身についていたとしても、自己調整できているかどうかは分かりません。最後までねばり強く取り組んだものの、「ただ何も考えずに最後までやり抜いた」という状況が考えられるためです。

パフォーマンス課題のふり返りから、次のように見取るとよいでしょう。

3点…ねばり強く学習に取り組めて、自己調整している
2点…ねばり強く学習に取り組めているが、自己調整していない
1点…ねばり強く学習に取り組めておらず、自己調整もできていない

総括的評価には、日常の授業の評価も取り入れよう

パフォーマンス課題のふり返りに加えて、日常的な授業の取り組みも「主体的に学習に取り組む態度」の評価に取り入れていきましょう。学び終えた後の「出口」に着目して評価するために、できるだけ授業単元や学期の終わり頃の態度についての評価を取り入れましょう。

具体的には、日常的なノートの記述の質と、発表内容など授業への行動観察を実施し、それぞれ3点ずつ評価の点数をつけます。

このようにして、日常的な授業と、パフォーマンス課題の取り組みを組み合わせるようにして、「主体的に学習に取り組む態度」を評価していきましょう。

「主体的に学習に取り組む態度」のポイント
(学びを自己調整しようとしている)

①授業の発言内容

②日常の授業のノートやワークシートの内容

③パフォーマンス課題のふり返り

コラム●「提出物を出さない子ども」「手を挙げない子ども」の主体性は、どう評価する？

文部科学省からは、次のような告示がありました。

「提出物の提出度合いで評価してはならない」

「挙手発言の回数で評価してはいけない」

もしも、提出物や挙手発言の回数で評価してしまうならば、「見た目はやる気があるように見えるが、学力がともなわない」という状況を招きかねません。

その場合、「学び」よりも「見せかけの態度」を優先してしまっていることになります。学んでいるフリを上達させてしまうことになってしまいます。

これについては、「態度主義」という名前で批判されてきました。

したがって、授業中の発表内容や、提出物の内容など、その中身の「質」で評価することが求められている、というわけです。

たしかに、それらについては重要なことです。

ですが、ここで1つ問題があります。

理論的には分かるのですが、それでは、「そもそもやらない・出さない」子どもについては、どう評価すればよいのか、という問題です。

たとえば、授業中に発言しない子どもについては、どうやって発言内容で評価すればよいのか。また、そもそも提出物を出さない子どもについては、どうすればよいのか、というところです。「やらない、出さない」というようであれば、質で評価しようにも、評価のしようがありません。

私の解釈を述べていきます。

まず、主体性の評価については前述の通り、①「授業ノート・ワークシートの記述内容」②「授業中の発言・行動観察」③「パフォーマンス課題のふり返り」の３つで評定をつけます。それぞれ３点満点で、合計９点で評価します。

授業中に発表をしない、提出物を出さない、ということは、その点について評価のつけようがないという理由から、その評価物に対して1点をつけます。

ただ、即時に総括的評価がC評価になるというわけではありません。３つのもので評定を決定するようにしているからです。３項目のうち、１項目が1点になったということになります。

たとえば、提出物を出さない子どもは、その時点で1点です。（ちなみに、提出して

いるけれども、出していないに等しいくらいにひどい内容であれば、これも1点です）

さらに発言していなければ、これも1点ということになります。

これで、仮にパフォーマンス課題のふり返りが2点ということになると、1点＋1点＋2点で、4点。4点以下はC評価なので、これはもう「主体的に学習に取り組む態度」の評価はC評価ということになります。

授業中にまったく発言しないのであれば、その時点でA評価にはなり得ません。なぜなら、A評価は8点以上。発言が1点になってしまうと、ほかの項目で3点を取ったとしても、1＋3＋3＝7点にしかならないためです。

3点のものが3項目で、合計9点。このように9点満点で評価する方法を、「9点法」と名付けています。（122〜123ページ参照）9点法を用いることにより、提出物や挙手発言のいずれかが著しくできなかったとしても、ほかで努力をすれば救われるようにしています。

つまり、回数で評価するものではない。とはいえ、「出さない」「やらない」のならば、それは評価できない。したがって、その項目については1点になるというのが私の結論です。

第5章

学力の関係性を捉える

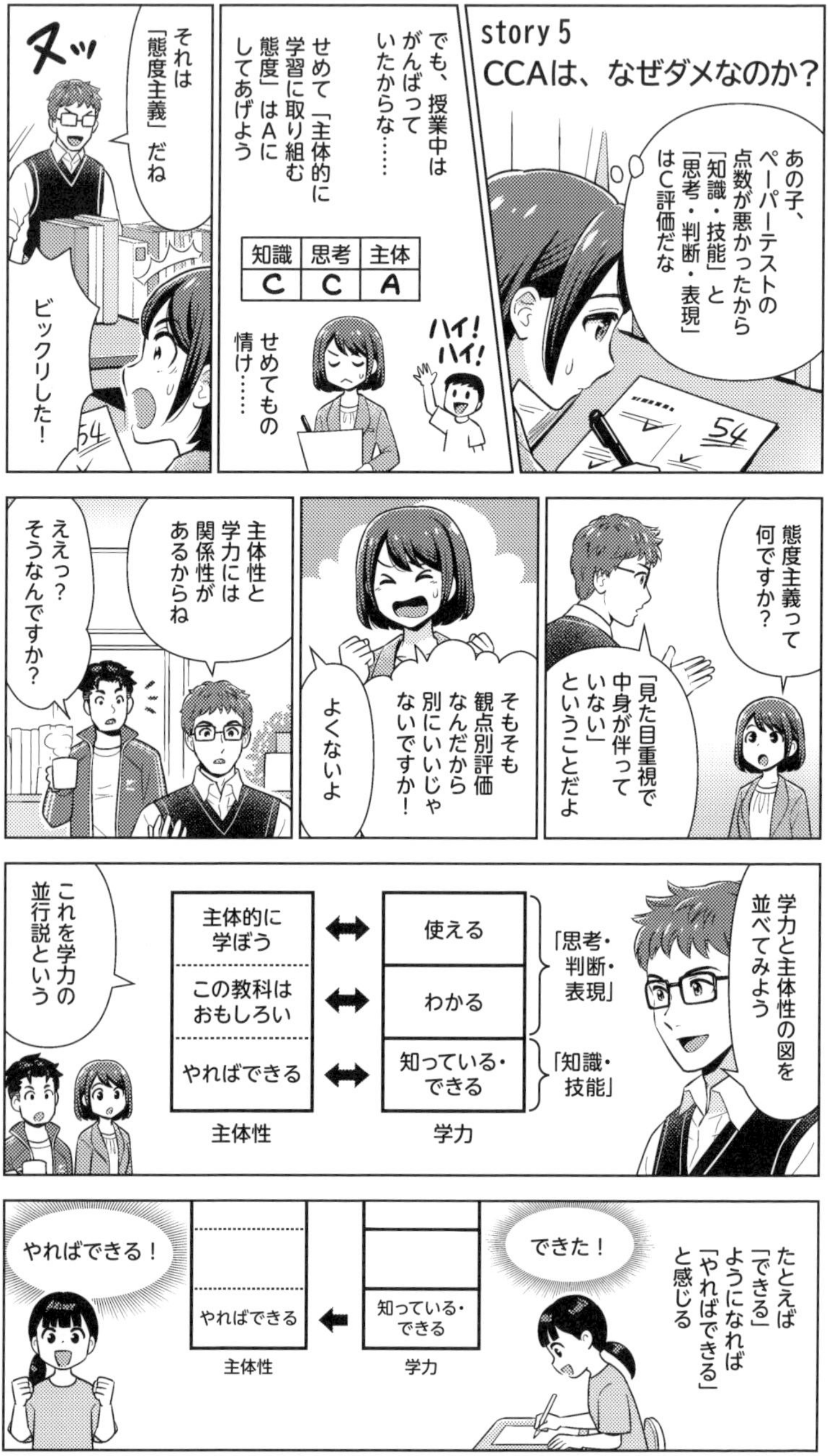
story 5
CCAは、なぜダメなのか？
あの子、ペーパーテストの点数が悪かったから「知識・技能」と「思考・判断・表現」はC評価だな
54
でも、授業中はがんばっていたからな……
せめて「主体的に学習に取り組む態度」はAにしてあげよう
ハイ！ハイ！
知識 思考 主体
C C A
せめてもの情け……
ヌッ
それは「態度主義」だね
ビックリした！
54
態度主義って何ですか？
「見た目重視で中身が伴っていない」ということだよ
そもそも観点別評価なんだから別にいいじゃないですか！
よくないよ
主体性と学力には関係性があるからね
ええっ？そうなんですか？
学力と主体性の図を並べてみよう
主体的に学ぼう
この教科はおもしろい
やればできる
主体性
使える
わかる
知っている・できる
学力
「思考・判断・表現」
「知識・技能」
これを学力の並行説という
たとえば「できる」ようになれば「やればできる」と感じる
できた！
知っている・できる
学力
やればできる
主体性
やればできる！

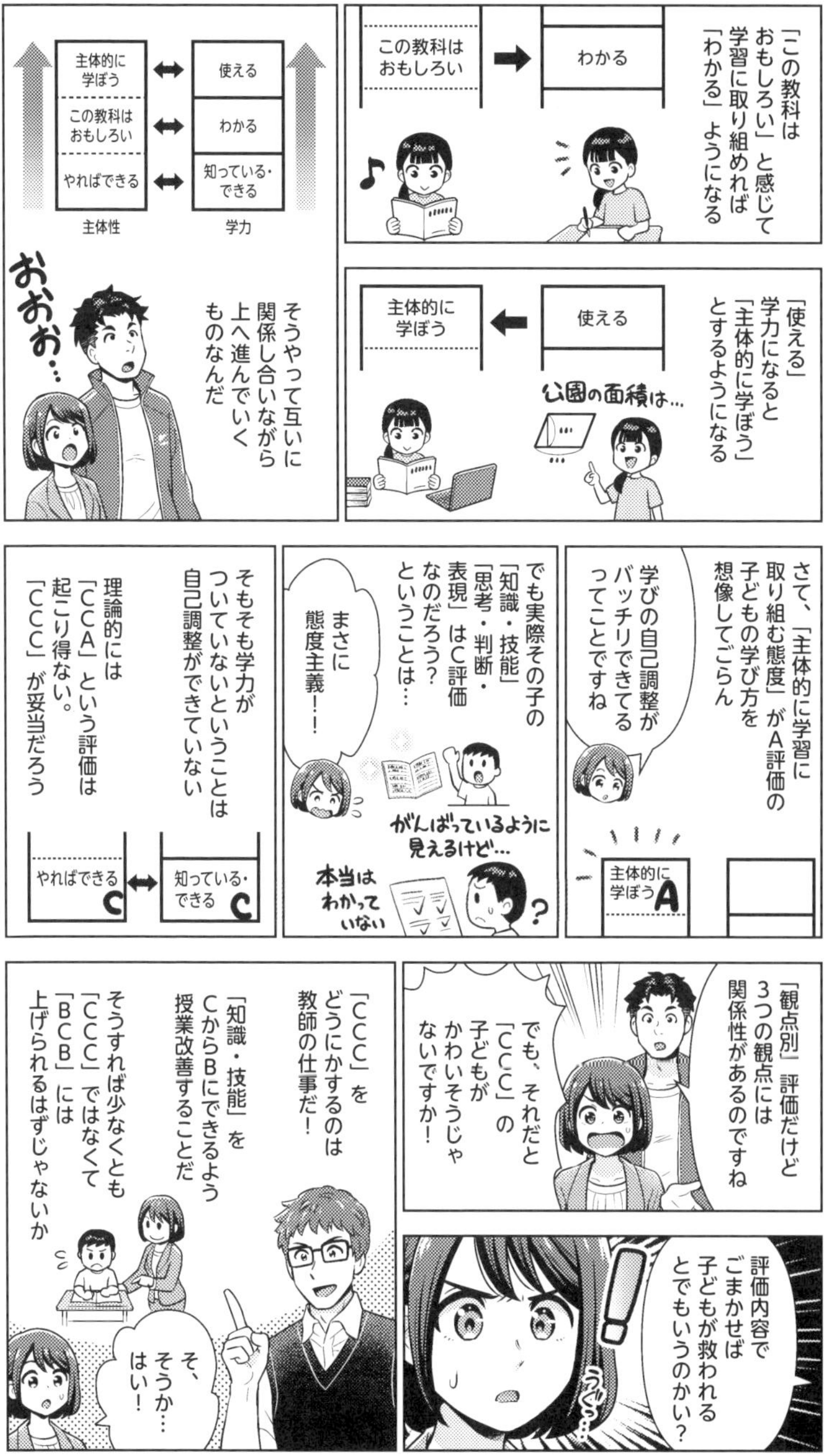
「この教科はおもしろい」と感じて学習に取り組めれば「わかる」ようになる
この教科はおもしろい
わかる
「使える」学力になると「主体的に学ぼう」とするようになる
主体的に学ぼう
使える
公園の面積は…
主体的に学ぼう
この教科はおもしろい
やればできる
使える
わかる
知っている・できる
主体性
学力
そうやって互いに関係し合いながら上へ進んでいくものなんだ
おおお…
さて、「主体的に学習に取り組む態度」がA評価の子どもの学び方を想像してごらん
学びの自己調整がバッチリできてるってことですね
主体的に学ぼう A
でも実際その子の「知識・技能」「思考・判断・表現」はC評価なのだろう？ということは…
まさに態度主義！！
がんばっているように見えるけど…
本当はわかっていない
そもそも学力がついていないということは自己調整ができていない
理論的には「CCA」という評価は起こり得ない。「CCC」が妥当だろう
やればできる C
知っている・できる C
「観点別」評価だけど3つの観点には関係性があるのですね
でも、それだと「CCC」の子どもがかわいそうじゃないですか！
評価内容でごまかせば子どもが救われるとでもいうのかい？
うぐぐ…
「CCC」をどうにかするのは教師の仕事だ！
「知識・技能」をCからBにできるよう授業改善することだ
そうすれば少なくとも「CCC」ではなくて「BCB」には上げられるはずじゃないか
そ、そうか…はい！

学力の氷山モデル

▼評定のCCAは、なぜダメなのか？

評定を決めるうえでよくあるのが、**「学力のふるわない子どもの『主体的に学習に取り組む態度』の評価にA評価をつけてあげたい」**という声です。

知識C、思考C……

このままではかわいそうだから、せめて1つだけでもよい評価をつけてあげたい……という気持ちは分からないでもないのですが、実は、これはよくありません。

なぜなら、**学力は観点別ですが、つながりがあるものだからです。**

一体どういうことなのか。

ここでは、学力の関係性について考えていきましょう。

▼学力モデル

「学力を目に見える形で図示してください」

そのように指示されたら、あなたはどのように描くでしょうか。

これまで、教育研究者は「学力」を見える形にしようと、様々な形を提示してきました。その中でも有名な２つのモデルを取り上げて、学力の関係性について考えていきましょう。

１９９１年改訂指導要録では、「関心・意欲・態度」が当時の４観点の中でも一番上に置かれました。

その土台となる学力として梶田叡一《えいいち》が提案したのが、図のような「氷山モデル」という形でした。

水面の上に出ている氷山の一角を「見える学力」とし、水面下の隠れた部分を「見えない学力」としました。

見える学力というのは、「知識・理解」や「技能」です。

見えない学力というのは、「思考力・判断力・表現力」や「関心・意欲・態度」としています。

たとえば、計算ができるかどうかというのは、目に見えます。なぜなら、○か×をつければよいわけですから。

しかし、計算することに対して、「意欲を持っているかどうか」というのは見えません。やる気がなさそうに見えて、実は心の中ではフツフツと学びへの意欲を持っているのかもしれません。

同時に、頭の中で考えているかどうかという思考力も、目には見えません。

このような、目には見えないやる気があり、考える力があってこそ、学力が身についているということです。氷山モデルでは、見えない学力が見える学力を支えているという構造を表現しているのです。

なるほど、そう考えると、なかなか分かりやすい図ですね。

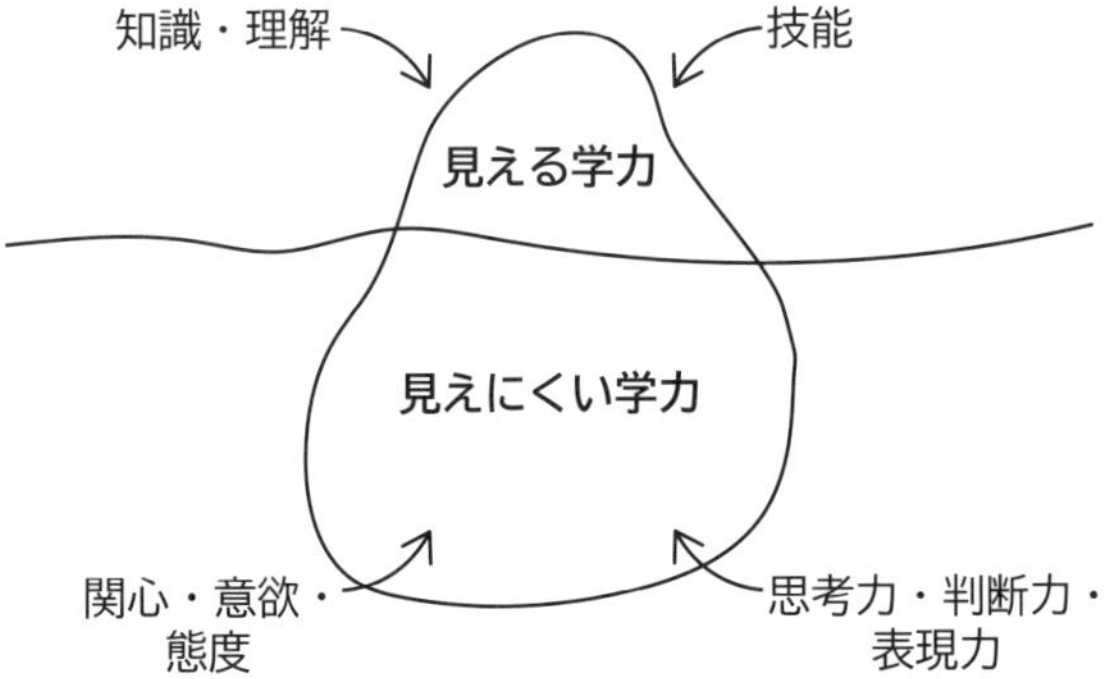

知識・理解
技能
見える学力
見えにくい学力
関心・意欲・態度
思考力・判断力・表現力

氷山モデル

態度主義の弊害

しかし、氷山モデルには、よくない点もありました。

この氷山モデルだと、水面下が非常に大きくて、水面上が小さいということもあります。

どういうことかというと、仮に学習内容が理解できていなくとも、意欲だけは高いということも起こる可能性があるのです。

たとえば、授業中に「ハイ！　ハイ！」と、積極的に手を挙げて発表しているけれども、内容が頭に入っていないような子どもが、「関心・意欲・態度」が高いと見なされることになります。

また、きちんとノートはきれいにとっているけれども、学習内容が定着していないような子どもも高く評価されてしまうことになります。

中身のともなわない「見せかけの学び」が横行するようになってしまいます。

これが、見た目ばかり重視している**「態度主義」**として、問題視されてきたのです。

学力の並行説モデル

▼学力と主体性の関係を見る

氷山モデルに代わるモデルが必要となってきました。

現在の学習指導要領について理解しやすい学力モデルの1つが、京都府の到達度運動の中で提唱された「並行説モデル」です。これを簡易化した形で紹介します。

並行説モデルは、学力と主体性の関係を、並行関係と捉えることで、2つが関わり合っている関係性を示しています。

次のページのような図です。2本の棒が並んでいますね。

右側が、学力に関することを挙げています。「知っている・できる」「わかる」「使える」というように、上方向へと進んでいきます。

評価の観点で見るのであれば、下のあたりが「知識・技能」、上のあたりが「思考・判断・表現」ということになります。

左側が主体性であり、関心や意欲に関することを挙げています。

これが「主体的に学習に取り組む態度」の評価するところになります。下の部分が入り口で、上の部分が出口です。

一方が他方の土台となる関係ではありません。両者は並行関係であり、どちらも互いに関係しながら、下から上に向けて進んでいきます。たとえば、「知っている、できる」ようになれば成功、発見をよろこび、感動します。自信をもって学習するようになり、「わかる」ようになります。そして、「使える」ようになると、一貫性のある行動がとれるようになります。物事に対して、主体的に取り組むことができるようになるのです。

このようにして見てみると、学力と主体性とは、並行関係であると捉えることができま

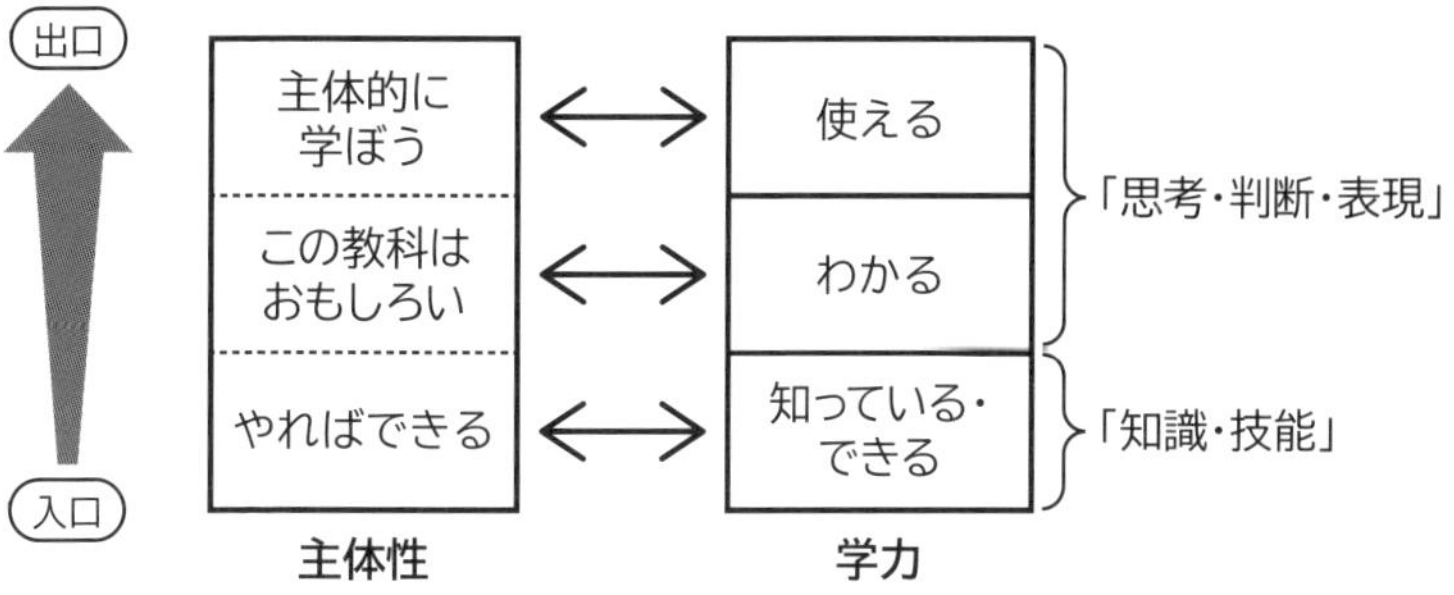

並行説モデル

中原克己「到達度評価の実践」『現代教育科学』1987年７月号、
石井英真『小学校 新指導要録改訂のポイント』（2019）を参考に筆者作成。

す。「並行説モデル」は、お互いがお互いを手段としながら、相互に深まっていく様子を描いているのです。

この図を見れば、『知識・技能』と『思考・判断・表現』のどちらもC評価で、かわいそうだから『主体的に学習に取り組む態度』はAにしてあげよう！」という考え方が、いかに誤りであると分かるのではないでしょうか。

「主体的に学習に取り組む態度」がA評価の子を想像すると、分かりやすいです。**その子どもは、自分の学びを調整して、ねばり強く学習に取り組んでいることに関してA評価なのです。それならば、学力の面においても、高い成果をあげているはずです。**

もしそうでないならば、「見せかけの態度」でしかなく、これは以前に氷山モデルで指摘されていた「態度主義」そのものということになってしまいます。

したがって、並行説モデルの図で考えてみると、CCAという評価は「起こり得ない」ということになるのです。

第6章 ルーブリックをつくる

story 6
パフォーマンス課題の評価はどうする？
いやーパフォーマンス課題って子どもは集中するし学びたくなるし良いものですねぇ
うちのクラスでは新聞づくりに取り組んでいますよ
これで成績もつけられますね
……
……あれ？
パフォーマンス課題ってどうやって評価するんですか⁉
そう。パフォーマンス課題は、総括的評価が難しいんだ
Rubric
評価に必要なのがルーブリックだ
ルービックキューブ？
カチャ カチャ カチャ
ちがう！
ルーブリックというのは尺度と特徴を示した評価指標のことだよ
例えば社会の新聞づくりではこんなルーブリックが考えられる
特徴が記述語で明記されているんですね
でも1つの観点だとちょっと見切れないんですけど…
A評価のような……B評価のような……

	多面的な内容構成
A評価（3点）	例を複数挙げながら、根拠を元にして説得力のある意見を述べている。
B評価（2点）	例を挙げながら、根拠を元にして意見を述べている。
C評価（1点）	例を挙げておらず、根拠を明記していない。

	習得した知識の活用	表現の工夫	多面的な内容構成
A評価（3点）	授業で学んだ知識や用語を正しく用いている。	根拠を元にして説得力のある意見を述べている。	例を複数挙げながら説明している。
B評価（2点）	授業で学んだ知識や用語を用いている。	根拠を元にして意見を述べている。	例を挙げながら説明している。
C評価（1点）	授業で学んだ知識や用語を用いていない。	根拠を明記していない。	例を1つも挙げていない。

分ける必要がある場合は複数の観点からなるルーブリックを作るといい
3つ程度が適しているだろうね
これなら評価できそうです!
評価の観点はパフォーマンス課題に取り組む前に子どもへ示しておきたいね
そうでなければ子どもは何を目指して取り組んでいいのか分からないから
評価のポイントを言います
この表を全部見せるんですか? 子どもには分かりにくそうですけど…
必ずしもこの表を見せる必要はないよ
達成してほしいB評価だけでも口頭で伝えられるようにしたいね
評価のポイントは3つあります 1つ目は……
目標のイメージを持たせるのが大事ってことですね
でも評価する感覚って先生によって違うから甘いクラスと厳しいクラスができてしまいそう
うちはAばっかり
こっちはBばかり
そういう心配があるときには、例えば他のクラスの先生と一緒に評価するといい
この子は3点、2点、2点だと思うんですけど
それは3点、2点、3点じゃない?
持ち寄りやすいようにするためにも作品系のものはノートではなくワークシート形式にすることもオススメするぞ
なるほどやってみます!

ルーブリックのつくり方１

▼記述語をつくる

パフォーマンス課題は、子どもたちの成長を促しながら理解の度合いも見ることができる、よいものです。

ですが……

１つ問題があります。

それは、**「パフォーマンス課題は、評価が難しい」**ということです。

子どもたちは、それぞれの関心に合わせて活動に取り組みます。

表現される物は、子どもによってまったく異なります。ペーパーテストのように、「〇か×か」という単純な採点ができないのです。

そこで必要になるのが、「ルーブリック」をつくることです。

ルーブリックというのは、成功の度合いを示す数値的な尺度と、それぞれの尺度に見られる認識や行為の特徴を示した記述語からなる評価指標のことです。

教育用語としては、アメリカにおいて1980年代から絶対評価の判断基準表を意味する用語として広く使われるようになってきました。

縦軸に「評価レベル」を置き、横軸に評価したい「資質・能力の評価の観点」と「評価規準」を置き、それらが交差するマスに具体的なレベル別の判断基準を文章で書き込んで並べた一覧表をつくります。

うーん……これだけ読むと、なんだか難しそうですね。

いえいえ、構えなくても大丈夫。それほど難しいことはありません。

簡単にまとめてみると、「何ができていればA・B・C評価なのか」について、文章で記述しているということです。

たとえば、そうですね……

ラーメンの評価で考えてみましょう。

ラーメンというパフォーマンス課題があるとして、味の質をルーブリックで評価してみましょう。

「醤油ラーメンの美味しさ」を判断しようと思ったら、何を基準として設けますか。

たとえば、次のような言葉が考えられます。

A評価…感動するほど美味しい。
B評価…もう1回食べたいと思うくらいに美味しい。
C評価…もう二度と食べたくない。

このような感じでつくることができるでしょうか。
少しアバウト過ぎますね。
もう少し詳しくつくってみましょうか。

A評価…スープと麺が絶妙にからみ合い、具材も引き立て役として活かされている。
B評価…スープと麺が美味しくて、具材もよい味を出している。
C評価…スープと麺が美味しくなく、具材もよくない。

かなり詳しくなりました。
ただ、これでも疑問は残ります。
なぜなら「美味しい」ということについて、1つの基準から判断するのは、なかなか難しいものだからです。
ラーメンの美味しさは、いろいろな部分が合わさってできています。
そこで、いくつかの観点を決めて、それぞれの評価の記述文を書き出します。
ラーメンの美味しさの観点……、そうですね……
私なら、出汁《だし》、麺、具材の3観点でしょうか。
観点が決まったら、それぞれの尺度の記述語を決めます。
このような内容はどうでしょうか。

出汁

A評価…醤油の味が活かされており、香ばしい。
B評価…醤油の味が活かされている。
C評価…醤油の味が活かされていない。

麺

A評価…歯ごたえがあり、艶やかである。
B評価…歯ごたえがある。
C評価…歯ごたえがない。

具材

A評価…熟成したチャーシューと、そのほかの具材が組み合わさっている。

B評価…熟成したチャーシューが用いられている。

C評価…熟成したチャーシューが用いられていない。

かなり具体的なルーブリックができあがりました。

このように、場合によっては、観点ごとに特徴を示した記述語を書いて、評価基準をつくっていきます。

ラーメンの美味しさのルーブリック

	出汁	麺	具材
A評価（3点）	醤油の味が活かされており、香ばしい。	歯ごたえがあり、艶やかである。	熟成したチャーシューと、そのほかの具材が組み合わさっている。
B評価（2点）	醤油の味が活かされている。	歯ごたえがある。	熟成したチャーシューが用いられている。
C評価（1点）	醤油の味が活かされていない。	歯ごたえがない。	熟成したチャーシューが用いられていない。

ルーブリックのつくり方2

▼ルーブリック作成手順

それでは、パフォーマンス課題を評価するためのルーブリックをつくってみましょう。難しいことではありません。次の5つの手順でやってみましょう。

社会科「新聞づくり」のパフォーマンス課題で考えてみます。

①身につけたい資質・能力を明らかにする

まずは、教科の学習指導要領を見て、その教科や単元において、子どもに身につけさせたい資質・能力を明らかにしましょう。

	習得した知識の活用	表現の工夫	多面的な内容構成
A評価（3点）			
B評価（2点）			
C評価（1点）			

② 資質・能力を、1～3つの評価の観点にしてまとめる

資質・能力が1つにはまとめられない場合には、2つか3つ程度に分けて考えます。たとえば、次の3つの観点で考えてみましょう。

- ・習得した知識の活用
- ・表現の工夫
- ・多面的な内容構成

③ 評価の観点のB評価をつくる

そして、それぞれの観点のB評価を決定します。

つまり、何をもって「できる」とするのかを決めるのです。合格ラインを定める、ということです。

	習得した知識の活用	表現の工夫	多面的な内容構成
A評価（3点）			
B評価（2点）	授業で学んだ知識や用語を用いている。	根拠を元にして意見を述べている。	例を挙げながら説明している。
C評価（1点）			

④ 評価の観点のC評価をつくる

次に、最も低いC評価を考えます。B評価が「できていない状態」をC評価として記述します。到達できていない状態や、改善が必要な状態を書き込むのです。

	習得した知識の活用	表現の工夫	多面的な内容構成
A評価（3点）			
B評価（2点）	授業で学んだ知識や用語を用いている。	根拠を元にして意見を述べている。	例を挙げながら説明している。
C評価（1点）	授業で学んだ知識や用語を用いていない。	根拠を明記していない。	例を1つも挙げていない。

⑤ 評価の観点のA評価をつくる

最後に、B評価の発展した内容を、A評価とします。到達したうえで、さらに何ができていればよしとするのかを考えます。

さあ、できましたね。これで完成です！

パフォーマンス課題を実施する際には、このようにしてルーブリックをつくり、子どもが表現したものを評価します。

「全教科にわたって、ABC全項目の記述語を書くなんて無理……」というのであれば、最低でも手順③までは設定しましょう。B評価さえあれば、到達させたい目標が文章化されているので、そこに到達しているかどうかを見ることができます。B評価のルーブリック項目について、できていればB評価、できていなければC評価。大きく上回る成果であればA評価ということになります。

	習得した知識の活用	表現の工夫	多面的な内容構成
A評価（3点）	授業で学んだ知識や用語を正しく用いている。	根拠を元にして説得力のある意見を述べている。	例を複数挙げながら説明している。
B評価（2点）	授業で学んだ知識や用語を用いている。	根拠を元にして意見を述べている。	例を挙げながら説明している。
C評価（1点）	授業で学んだ知識や用語を用いていない。	根拠を明記していない。	例を1つも挙げていない。

第7章 子どもが評価に参加する

story 7
子どもが評価活動に参加する
長期のパフォーマンス課題の実施では子どもを評価活動に参加させるようにしよう
具体的には「評価基準の設定」「相互評価」「自己評価」を行う
…何を言ってるんですか？
評価するのは教師の仕事でしょう
ここで育てたいのは学びへの自己調整力だ
計画
遂行
自己評価
自己調整力のサイクルは目標をもとに計画を立てるところから始まる
目標とはすなわち評価基準
評価基準の記述語のことを何と言ったかな？
えーっと……ルーブリック！
そう、ルーブリックを子ども主導で作るんだ
取り組む活動の目標をハッキリさせる
相手に伝わる意見文の工夫を見つけよう
立場と根拠が明確になっています
計画
それをもとに計画を立てて遂行する
根拠を明確にして書いてみよう
遂行
ルーブリックをもとにして相互評価して自己評価するんだ
相互評価
自己評価
自己調整させることが目的なら相互評価なんて必要ないんじゃないですか？
そうですよひたすら自分の作品を見て自己評価させればいいのでは？

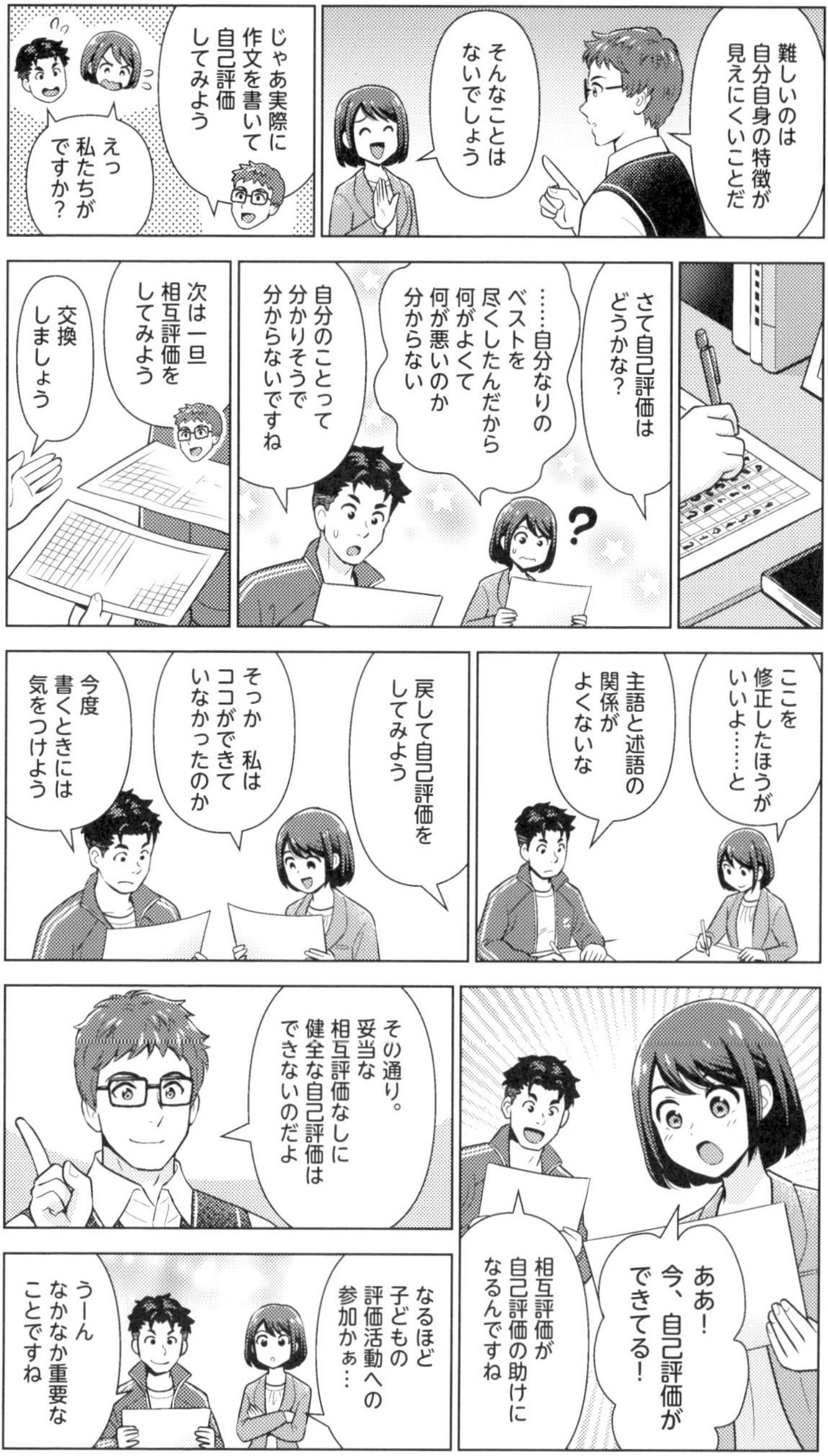
難しいのは
自分自身の特徴が
見えにくいことだ
そんなことは
ないでしょう
じゃあ実際に
作文を書いて
自己評価
してみよう
えっ
私たちが
ですか？
さて自己評価は
どうかな？
……自分なりの
ベストを
尽くしたんだから
何がよくて
何が悪いのか
分からない
自分のことって
分かりそうで
分からないですね
次は一旦
相互評価を
してみよう
交換
しましょう
ここを
修正したほうが
いいよ……と
主語と述語の
関係が
よくないな
戻して自己評価を
してみよう
そっか 私は
ココができて
いなかったのか
今度
書くときには
気をつけよう
ああ！
今、自己評価が
できてる！
相互評価が
自己評価の助けに
なるんですね
その通り。
妥当な
相互評価なしに
健全な自己評価は
できないのだよ
なるほど
子どもの
評価活動への
参加かぁ…
うーん
なかなか重要な
ことですね

子どもが評価活動に参加する

▼評価活動の3段階

長期にわたってパフォーマンス課題（作文やレポート、新聞づくりなど）に取り組むときには、子どもを評価活動に参加させるようにすることが効果的です。

「子どもが評価に参加する？
評価するっていうのは、教師の仕事じゃないの？」

そのように感じられる人もいるかもしれません。
しかし、評価活動への子どもの参加が、よい学習効果を生み出すとされています。
特に、子どもの自己調整力を向上させることによい働きをします。

子どもの評価活動への参加は、３つの段階があります。

①ルーブリックをつくる
②相互評価する
③自己評価する

では、次のページから１つずつ順番に見ていきましょう。

ルーブリックをつくる

▼子どもとともに考える

まずは、ルーブリックを子どもとともにつくってみましょう。もちろん、教師からルーブリックを示してもよいのですが、子どもと一緒に考えるほうが、よい学習になります。

子どもが自己調整学習を進めていくためには、次の学習サイクルに取り組ませていく必要があります。

計画↓遂行↓自己評価

計画を練り、実際に遂行して、それについてふり返り、また計画を立てて……これが、自己調整学習の循環です。

この循環を動かすためには「計画」の段階で、学習の目標を持たせるようにしなくては始まりません。目標がなければ、計画の立てようがありません。そこで、子どもとともに、「目標となる基準を決める」といった活動に取り組むようにするのです。

目標となる言葉といえば……、ルーブリックですね。

まずは、ルーブリックを子どもとともに作成します。

たとえば、国語科の「説得力のある文章を書く」という目標の単元では、よい文章とよくない文章を読み比べて、どちらがよいのか、どのような点がよいのかについて話し合わせます。そして、よい文章の条件に関するルーブリックを、子ども主導でつくらせていくようにします。

とはいえ、完全に子ども主導でルーブリックをつくるというのは、なかなか難しいものです。作成されたルーブリックが、各教科の見方・考え方に沿うものになるかどうかも、なかなかうまくいかないところです。あらかじめ教師が評価の観点の方向性を定めておいて、その観点に運んでいけるようにします。

３観点×３評価のような詳細なルーブリックをつくる必要もありません。各観点のＢ評価など、到達したい姿が明らかになるように設定するのです。

ここで重要なのは、子どもが評価の観点を決定するということよりも、「子どもにも評価の観点を持たせる」ということです。

つまり、パフォーマンス課題に取り組むにあたって身につけたい力を、教師と子どもとの間で共通理解しておくことが大切だということなのです。

パフォーマンス課題を通して身につけたい力が明らかになれば、子どもは見通しをもって学習に取り組むことができます。

観点を理解しているので、自律的に活動にのぞむことができます。

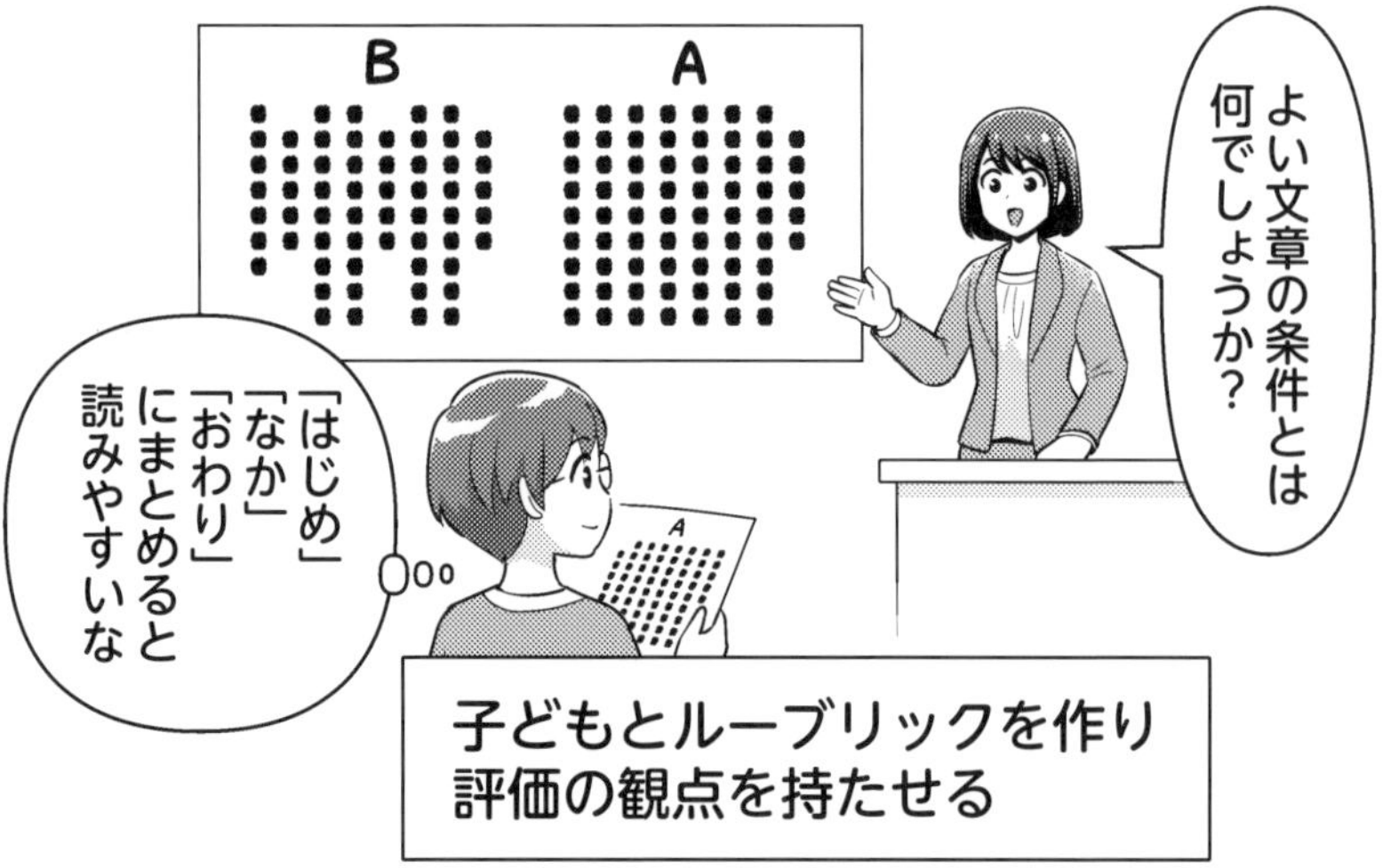
B
A
よい文章の条件とは何でしょうか？
A
「はじめ」「なか」「おわり」にまとめると読みやすいな
子どもとルーブリックを作り評価の観点を持たせる

相互評価の効果

▼相互評価が自己評価を助ける

子どもの自己調整力を高めるために、子ども自身で学習をふり返り、自分で学びを改善できるようにさせていかなくてはいけません。

自分の活動を点検して確認し、改善していくという活動は、「メタ認知活動」としても説明されます。「メタ認知」というのは、自分が認知する過程を、もう一段上から見つめ直すことであり、自己調整学習の中核となるものです。人は、自分の学びを確認して、見つめ直した結果に基づいて、自分の学びを改善していきます。

ところが、この自分を評価する活動というのが、非常に難しいのです。

研究では、子どもにとって、自分の学習をふり返って評価することは、非常に困難であるということが分かっています。

たしかに、大人だって、「自分自身の仕事ぶりを評価せよ」なんて言われたら……、なかなか正確に評価するのは難しいのではないでしょうか。

そこで必要になるのが、子どもたち同士による相互評価なのです。

相互評価とは、子どもがほかの子どもの学びを見て、「何ができているのか」「何ができていないのか」を基準に照らして合わせて、確認するものです。

できていない部分をできるように学習改善したり、新たな学びに結びつけたりするようにします。

子どもは、自分自身の作品についてはあまり評価できないものですが、他者に対しては批判的に見ることができます。

自分の学習をふり返って評価するのは非常に困難

相互評価の中で、子どもたちはお互いの作品を評価します。

子どもの中には、ルーブリックの観点をイマイチ理解できていない子がいます。そのような子は、友達の作品を評価することを通して、「そうか、この観点を大事にしないといけなかったのか」と改めて気づくことができます。

また、相互評価をすることによって、パフォーマンス課題への素早いフィードバックが得られます。パフォーマンス課題は採点に時間がかかるので、なかなか教師から素早くフィードバックを返すことができません。その点、相互評価はすぐにフィードバックが返ってくるため、この問題を解決してくれるのです。

相互評価を通して友達からのアドバイスを得て、それを自己評価の手がかりにするのです。

相互評価を自己評価の手がかりにする

相互評価を実行する

3種類の相互評価方法

相互評価は、評価という言葉を用いていますが、要するにアドバイスをすることです。観点に沿って作品を見て、よいところは認めて、改善点に対してはアドバイスを伝えるようにするのです。

この方法には、次の3種類が考えられます。

① ふせんに書き込む

作品タイプのパフォーマンス課題には、「ふせん」が有効です。

ふせんであれば、貼ったりはがしたりができるので、作品を汚さずにすみます。また、名前も記入できるので、誰が書いた意見なのかも分かりやすいです。

ふせんを受け取った子どもは、自分の作品や作品の設計シートにふせんを貼り付けて、これを見ながら自己評価を深めていきます。

スピーチや音読など、実技系のパフォーマンス課題に対しても活用することができます。その場合であれば、発表は全体に向けてやりますが、「班の人の発表に対して書きましょう」とすれば、全員３人程度からのフィードバックを得ることができます。

②　色鉛筆で直接記入する

特に、完成されたものではなく、「下書き」のタイプのパフォーマンス課題に対して有効です。色鉛筆の色を分けると、（Ａ君が青色、Ｂさんが緑色、というように）誰が書き込んだ内容なのかが分かりやすくなります。

③　口頭で伝える

実技教科で、文章記述することが難しくその場で伝えることが望ましいような場合には、口頭で伝えることもよいでしょう。その場合には、伝えられたことを忘れてしまうので、できるだけ早く自己評価の過程に移るようにしたいところです。

発表形式によって評価の対象が変わる

また、誰が誰に対して助言するかも、カギになるところです。基本的には、グループ（4人程の生活班）の中で相互評価を取り入れていくようなやり方が中心になります。

①　新聞やレポートなどの場合……グループ内で回し読みをする

制作物が手元に持てるようなタイプの作品の場合は、グループ内で読み合いをして、相互評価をします。この場合、ふせんか赤鉛筆での直接記入が適しています。

②　プレゼン系の発表の場合……グループ内の友達の発表に対してアドバイスする

プレゼン系の発表形式の場合であれば、グループ内の友達に対してふせんに意見を書き込み、発表内容についてアドバイスします。

③　試合の場合……グループ同士の意見交流会

試合の場合では、グループで行動するため、個人で意見をもらうことが難しくなります。ペアグループをつくり、ペアグループから口頭でアドバイスをもらうようにします。

自己評価

自らの学習をふり返る

自己評価とは、自らの学習をふり返り、そこから得た情報に基づいて、学習の成果と今後の学習を調整することを意味しています。

相互評価では、前述のように、友達にルーブリックの観点をもとにして評価してもらい、「ここができているよ」とか、「もう少し、こうしたらいいんじゃない」というようなアドバイスをもらうのです。

このような妥当な他者評価を抜きにして、健全な自己評価は実現しないのです。友達の意見を参考に、自己評価に取り組んでいきます。

自らのパフォーマンス課題を中心として、学習全体をふり返ります。

新聞など、ワークシートのタイプであれば、裏面の白紙部分に記述すると、後から教師がまとめて評価しやすくなります。

裏面に書き込めないタイプの作品は、別紙でワークシートを用意し、そこへ書かせるようにします。

ノートに書かせるのは、ノートの評価と混ざってしまうことになるので、できれば避けたいところです。

パフォーマンス課題に取り組み、ルーブリックを確認し、相互評価を経てから、自己評価をする。

この過程が、「計画↓遂行↓自己評価」のサイクルを回すために必要なのです。

子どもの評価への参加によって、自己調整する力を育てていきましょう。

第8章

採点&評定テクニック

story 8
テストとテストの点以外でつけるなんて無理！
パフォーマンス課題も評価できたしもう成績は万全！
……あれ？
ペーパーテスト100点。実技テストやパフォーマンス課題は9点。どうやって合わせて評定をつければいいの？
100点
9点
??
わかった！パフォーマンス課題や実技テストも100点で評価すればいいんですよ！
おーっ天才!!
100点
100点
パフォーマンス課題や実技テストをどうやって100点で評価するつもりなんだい？
この発表は84点……いや82点……
ああっ……!!
そういうときにはペーパーテストを縮小して換算しよう
縮小！
その手があったか！
例えばパフォーマンス課題や実技テストの点数を9点とする
点数化する方法は2通りある
実技・パフォーマンス課題　9点
ペーパーテスト 100点 ×0.91
91点＋9点＝100点
ペーパーテストの比重を大きくしたい場合にはペーパーテストを0・91倍に換算する
これに9点を合わせて100点にして評定をつけよう
おお〜っ

でも
100点のうちの
9点はちょっと
小さ過ぎませんか？
そもそもペーパーテストの
点数は、単元テストの平均点。
7回テストをやっているなら、
700点を圧縮している
ようなもの
ギュッ！
ペーパーテスト
91点
そう考えてみると
9点は相当に大きい
といえるね
実技系の比重を
大きくしたい場合には
ペーパーテストの点数を
ルーブリックの3観点と
同じ数に換算する
0・03倍にして
12点満点で
評定をつけるんだ
実技テスト・
パフォーマンス
課題　9点
ペーパーテスト
100点×0.03
3点＋9点＝12点
おお～！
授業で実施した内容が
実技とペーパーテスト
どちらに比重を
置くものだったか
によって判断しよう
座学中心
ペーパーテスト
91点
実技
9点
実技中心
ペーパーテスト
3点
実技
9点
なるほど…ただ
1つ1つの点数を
電卓で打つのは
大変です……
君は
いつの時代の
人なんだ
パソコンを使おう。
数式を入力して、
表計算ソフトで
やってしまえば
いいんだよ
すごい！
紙ベースで
出力しておき
適宜埋めていく
放課後に
職員室で入力
これだけで
成績が
つけられるぞ
おお～っ
快適！

パフォーマンス課題を添削する

▼5段階で進める

ルーブリックをもとにした添削は、なかなか大変です。特に観点別で評価する場合は、相当な時間がかかります。次の5つの手順で進めていくとよいでしょう。

①　回収する

パフォーマンス課題は、「全員が一斉に終える」ということは、まずありません。それぞれのペースがあります。早い子もいれば、遅い子もいます。終わらない子どもに合わせて待ち続けるわけにはいきませんので、授業終了後各自で進めていくことになります。**猶予として、パフォーマンス課題を扱った授業終了後から、1週間ほどを設けましょう。**

ここであまりにも長い期間を空けてしまうと、子どもが作品を紛失してしまうこともあり得るため、１週間程度が適しています。提出されるたびに、名簿にチェックを入れていきます。１週間は、授業の後に出席番号を呼び、提出を促すようにしていきます。アドバイスが必要であれば、それぞれに伝えます。

期限の日になったら、仮に未完成であったとしても提出させるようにします。

②　モデレーションを行う

モデレーションというのは、評価の判断を平準化させる過程を指しています。

パフォーマンス課題の評価は、教師によって評価の判断の程度が異なることがあります。簡単にいえば、厳しい先生と甘い先生が出てしまう場合のことです。

そうなると、評価の客観性が欠けてしまいます。「うちのクラスの先生は厳しい。となりのクラスの先生は甘いのに」というような不平等感を子どもに抱かせてしまいます。**そのような差をできる限り緩和して、見取りのズレを縮小する取り組みが、モデレーションなのです。**

本来であれば、モデルとなる作品をつくるなどして、パフォーマンス課題の実施前に設定基準のモデレーションを行うのが理想的です。

ただ、実際問題として、全教科についてそのような時間は設けられないことでしょう。

そこで、完成した子どもの作品を運び、職員室に持ち込んで、教師間で採点とモデレーションを兼ねるようにするのです。

できあがった作品のいくつかを、職員室に持ち寄ります。

そして、作品を見せ合いながら採点を進めていきます。

「これは、どう思いますか？　3・2・3でしょうか」

「うーん、3・3・3じゃないかな？」

「どこがポイントですか？」

「だって、ルーブリックの『例を挙げながら説明する』が十分にできているからね」

「なるほど、確かにそうですね」

このようにして、それぞれの意見を出し合うことを通して、価値観をすり合わせていきます。

すべての課題を確認し合う必要はありません。いくつかを一緒に採点するだけでも、モデレーションとしては効果のあるものになります。

ところどころで、「これは、3か2で悩むのですが、どちらだと思いますか？」というふうにたずねながら採点すれば、それだけでも評価観が共有されるようになります。

③　採点する

全員の作品がそろったら、いよいよ採点作業に移ります。

まずは、1つの観点で採点していくようにします。

たとえば、「習得した知識の活用」について見ると決めたならば、全作品をその観点で見て評価していくとスムーズです。

④　表記する

1つの観点が評価できたら、作品の端に点数を書き込むようにします。

「2、2、3」というように、数字を並べるようにして点数を書き込みます。

⑤　返却する

子どもに返却する際に、評価についてあらためて伝えるようにします。

「原稿用紙の右上に、数字が書いてありますね。この点数は、左から、『習得した知識の活用』、『表現の工夫』、『多面的な内容構成』です。具体的にいうと……」

このようにして解説します。パフォーマンス課題は、評価に時間がかかります。

最低でも、1か月以内には返したいところです。子どもたちへのフィードバックは、早ければ早いほどよいわけですから、できる限り早く返すようにしましょう。

ペーパーテスト以外では、3つの評価物を見るのが基本

▼3つの評価物を用意する

ペーパーテスト以外で、実技テストなど出来映えを評価する場合があります。そういった場合には、3つの評価物を用意するのが基本です。評価には、説明責任がともないます。「なぜ、この評価なのか」と問われた場合には、明確に答えられなければなりません。

例として、各教科の主体的に学習に取り組む態度で考えてみましょう。

「1つの評価物で成績を決定する」というのは、かなり乱暴な評価のつけ方です。

たとえば、「算数ノートの記述が、よいものではありませんでした。だから、主体的に学習に取り組む態度はB評価にしています」という説明の仕方で、評価の説明責任は果たせるでしょうか。「あれだけパフォーマンス課題に取り組んだのに」や、「授業中

の発表はがんばったのに……」という声があがっても、おかしくはありません。これでは納得してもらえないでしょう。

「主体的に学習に取り組む態度についての評価は、次の3点で評価しています。『ノートの記述内容』と、『授業中の挙手発言の内容』、それから『パフォーマンス課題のふり返りの記述内容』です。1つずつ説明していくと……」

このようにして、３つをあげられるようにしたいところです。

この、「３つ」という数字は重要です。

２つや４つだと、かなり評定が難しくなってしまいます。

たとえば、評価物の成績が「ＡＢ」や「ＡＡＢＢ」のときに、これをＡ評価にするのか、Ｂ評価にするのか、分からなくなります。３つであれば、ＡＢＢはＢ評価、ＡＡＢはＡ評価とできるので、分かりやすいです。

５つでもよいのですが、それを全教科でやるのは数が多すぎて、現実的ではありません。小学校では全教科を評価することになるわけですから、３つが最適な数といえるでしょう。

9点法のテクニック

▼1つ3点満点で評価する

評定を定める際には、9点法というテクニックを用いましょう。

A評価を3点、B評価を2点、C評価を1点とします。

なぜ点数化するのかというと、表計算ソフトで計算するときにも便利で、100点満点の計算に換算する際にも適しているためです。

たとえば、音楽「知識・技能」については、次のように評定をつけることになります。

・『歌唱』……………3点
・『器楽』……………3点
・『音楽づくり』……3点

　このように、３つの評価物で合計９点、ということになります。

　そうすると、８、９点をＡ評価、５～７点をＢ評価、３、４点をＣ評価というように評定を決めることができます。

　ルーブリックで評価する場合でも、３観点で採点する場合は９点（３点×３観点）になるので、同様に用いることができます。

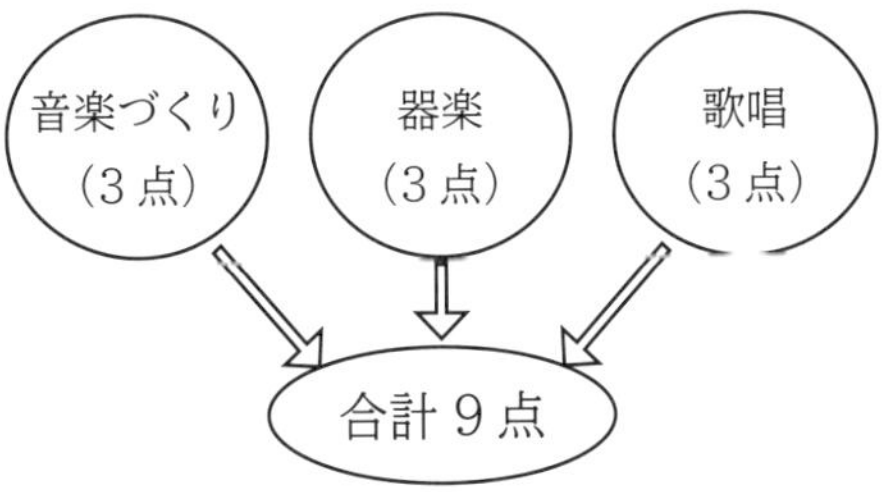

８点以上でＡ評価・４点以下でＣ評価

ペーパーテスト＋パフォーマンス課題の場合

▼ペーパーテストを91パーセントに換算する

さて、ここで問題が生じます。ペーパーテストとパフォーマンス課題や実技テストを合算する場合です。たとえば、国語の知識・技能の成績は、テスト100点と実技テスト9点を合わせなければいけません。ペーパーテストが100点満点なのに、そこに9点を加えるのは、難しそう……と、感じられるかもしれません。

そこで、単元テストが100点の場合は、単元テストの平均点を91パーセント換算します。そして、そこにパフォーマンス課題や実技テストの9点分を加えることで、100点満点とするのです。

一見すると、9点というのは少なく感じられるかもしれません。しかし、ペーパーテストの100点というのは、単元テストの平均点です。つまり、テストを7回実施していれば、700点を100点に圧縮しているようなものであり、パフォーマンス課題の

9点というのは、相当に大きなものであるといえるでしょう。

このようにして、ルーブリックの評価の結果を評定に組み入れるようにすると、子どもたちの作品やパフォーマンス課題の評価の結果が、指導要録や通知表に記載されることになります。

やりっぱなしで評定に組み入れられることがない場合に比べると、大きな違いです。子どもにとってみれば、パフォーマンス課題の学習成果を高めようとする意欲につながることが期待されます。

計算については、表計算ソフトを使用すれば簡単に換算できます。リンクに表計算のシートをつけていますので、そちらを活用してください。

①評価シート低学年用
https://www.dropbox.com/scl/fi/daqhrjn5mearfj5thd8yg/.xlsx?rlkey=w9bs0w2m0x2njcsfg9isliovd&dl=0
②評価シート中学年用
https://www.dropbox.com/scl/fi/vqd63atatsuutkzly2z8r/.xlsx?rlkey=henzhv72vgarg9dznk02vm6pb&dl=0
③評価シート高学年用
https://www.dropbox.com/scl/fi/bzl6scedrl54yekyh0qyr/.xlsx?rlkey=qxd5msl6ra5rzd0s6e4j8dhrg&dl=0

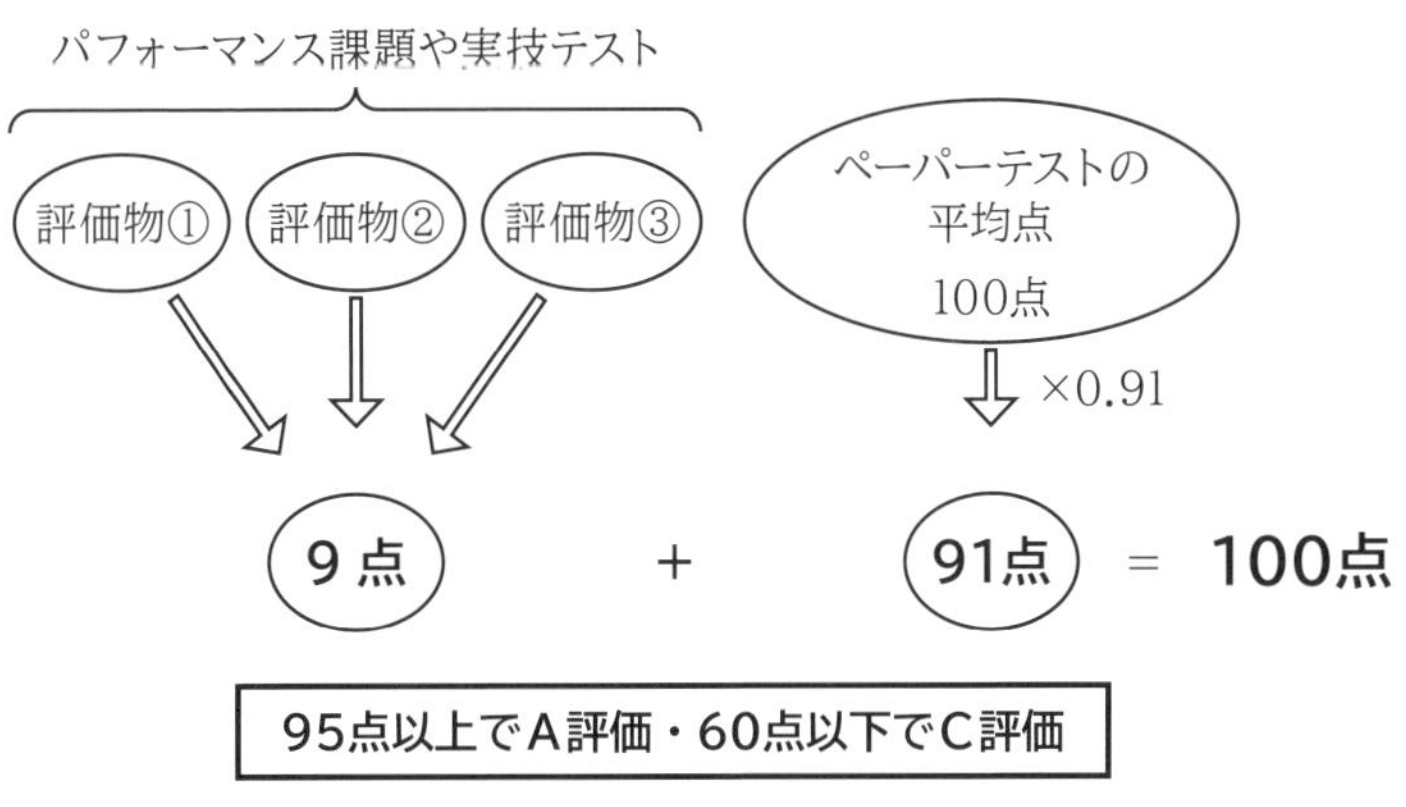

実技テストやパフォーマンス課題の比重を大きくしたい場合

▼ペーパーテストを3点に換算する

評定を決める際、「ペーパーテストの比重がそこまで大きくなってはよくない」という教科もあることでしょう。

たとえば、体育では保健のテストをやります。しかし、保健体育の中では、「知識・技能」の91パーセントを占めるほどの大きさのテストとはいえません。

その場合では、ペーパーテストの比重を小さく換算します。なぜ9点のほうを拡大しないのかというと、拡大すると数値が粗くなり、評定の点数として不確かなものになってしまうためです。複数の評定の点数を合わせる場合には、小さいほうに縮小して合わせるのが基本です。

体育の例でいうと、ペーパーテストの100点を3点に換算します。これに実技テストの3点×3項目の9点を合わせて、12点満点で評定をつけるということになります。10点以上をA評価、5点以下をC評価というように定めると、客観的な指標になります。

授業で行ってきたことが、ペーパーテストよりも実技テストやパフォーマンス課題のほうが比重を大きくしなければ評価できないような場合は、このようにして、ペーパーテストの比重を小さくして評価してみましょう。

ペーパーテストのほうの点数を小さくすることで、評価内容のバランスをとります。

どの部分の比重を大きくするのかは、単元内容によります。たとえば、体育であれば、ペーパーテストよりも実技部分の比重を大きくすべきです。**授業内容に合わせて点数配分を決定しましょう。**

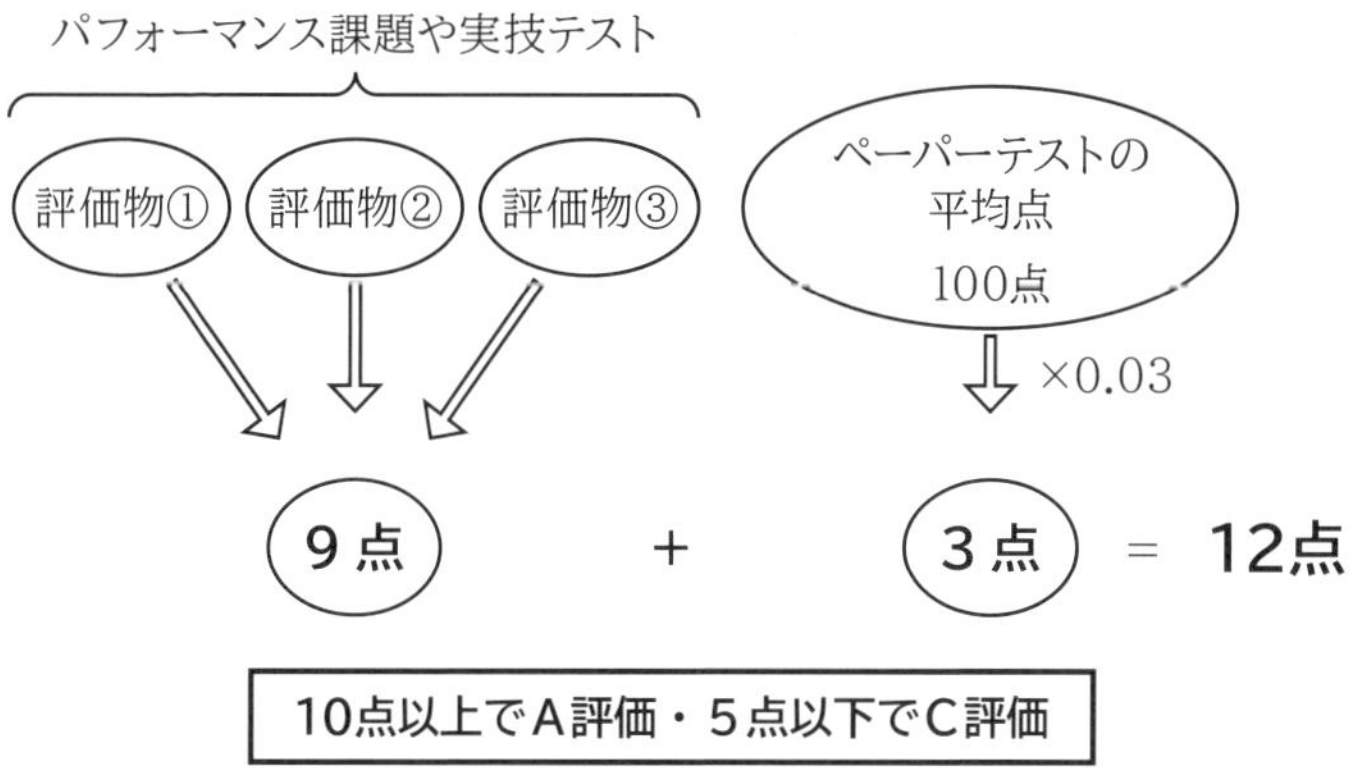
パフォーマンス課題や実技テスト
評価物①
評価物②
評価物③
ペーパーテストの
平均点
100点
×0.03
9点
+
3点
=
12点
10点以上でA評価・5点以下でC評価

評定の区切りを決定する

▼点数の区切りの困難さ

具体的な評定を決めるにあたっては、**「点数の区切りをどうするのか」という問題が生じます。**評価は、単元テストや中間・期末テストの平均点から割り出されます。ここで、「何点から何点までをA評価、B評価、C評価とするのか」という問題が起こるのです。

このような点数の区切りの問題は、かつては見られなかったのです。

なぜなら、相対評価が用いられていた時代では、割合をもとに決められていたからです。「上位数パーセントは、A評価」というように、配分が割合で定められていました。

しかし、相対評価は**「どれだけ子どもができるようになったとしても、悪い評価になるのは理不尽」**など、教育的ではないと批判の声があがりました。

「目標に準拠した評価」は、相対評価の非教育性を乗り越える形で成立しました。

「目標に準拠した評価」は、どちらかというと形成的評価に重きを置いています。評定を決めるにあたっては、それぞれの教師の裁量による評価がなされています。教育的にはなったのですが、それと同時に、学校が出す評定に対して、「学級ごと、学年ごとに成績の付け方が違う」「受験の内申書に不公平が生じる」など、客観性と信頼性が疑問視される事態を招くことになりました。

あらかじめ到達目標を決定する

では、どのようにして区切りを決めればよいのでしょうか。私の考える改善案を述べていきます。

第一に、絶対評価を根本としなくてはなりません。

そのためにも、到達目標となる点数は事前に決定しましょう。

絶対評価と相対評価の決定的な違いは、**「事前に目標を設定しているかどうか」**にあります。相対評価では、点数の境目は授業の「事後」に決定します。なぜなら、テストをやって、後から計算して割り出すものだからです。

一方、絶対評価では、到達目標を「事前」に設定します。事前に決めた目標に向けて取り組み、達成できたのかを評価するのです。

たとえば、3段階評価では90点以上をA評価、60点以下をC評価というようにして、あらかじめ具体的な境目の点数を決めてから授業に臨みます。

AとBの境目には相対評価の理論を限定的に適用する

ただし、それですべてがうまくいくわけではありません。

絶対評価では、人数の差があってもかまいませんが、あまりにも極端であれば困るところです。A評価が多すぎる場合や、Aの子どもがまったくいない場合が想定されます。

ここで、**A評価とB評価の境目に対して、相対評価の理論を限定的に適用します。**

A評価は学級全体の3分の1以下の人数（36人学級であれば12人以下）とするのが適当でしょう。A評価が多すぎる場合は、3分の1の人数を超えない点数まで、境目の点数を引き上げていきます。

ただし、A評価とB評価の境目の上限は、95点と考えられます。なぜなら、小学校のテストでは、通常1問5点の20問テストであり、1問程度の間違いまでは許容されるべきだからです。95点が上限であり、3分の1の人数を越える場合であったとしても、これはA評価として認めるものとします。この場合、A評価は何人いてもかまいません。仮に全員95点以上であれば、「全員A評価として認めてよい」ということです。

AとBの下限の境目も同様です。100点テストで間違いが許されるのは2問程度までalong でしょう。すると、**A評価とB評価の最低ラインは、90点までと考えられます。**90点まで引き下げてA評価がいないならば、「A評価なし」として評定を決定してよいでしょう。

B評価とC評価の境目には相対評価は一切適用しない

一方で、相対評価の理論は、B評価とC評価の境目には用いません。

なぜなら、**B評価とC評価の境目は「最低限到達してほしい目標」であり、これを容易に動かすことは、やってはならないからです。**通常60点が基準として最適でしょう。

たとえば、60点を「最低限の到達目標」と決めたうえで、実際の点数がその点数以下だった場合、それはC評価とすべきです。この点数に達しないのであれば、それは教師のフォロー不足であると捉え、対策を講じましょう。

客観性と信頼性の回復を

つまり、「絶対評価で目標設定をして授業を行い、上部の評価についてのみ相対評価の理論を限定的に用いる」ということです。これなら、不当に低い評価がなされることもなく、学級や学年、学校ごとに大きなズレが生じることもないでしょう。学校の出す評定に、客観性と信頼性を取り戻すことができるのではないかと考えています。

コラム●評定の内容は子どもに伝えるほうがよい

　私は、評定の項目内容は、子どもに伝えるようにしています。

　もちろん、通知表には、評価の文言などが書かれている一文があるものです。しかし、それをじっくりと読み込んだとしても、何をもって評定をつけられているのかは分かりにくいものです。

　たとえば、「国語の『知識・技能』がB評価」というように言われて、通知表に文言が書かれていたとしても、何をもって評定を定められているのかが分からなければ、意味不明なのです。評定が何なのか分からなければ、子どもは何に向けて努力していけばよいのかが分かりません。そうなると、子どもにとっての通知表というのは、Aの数を数えて喜んだり、Cの数を悔しがったりするような、無価値なものになってしまいます。

　そこで、子どもに評定の内容を伝えるようにしましょう。

　伝えるタイミングは、次の3つを提案します。

①「主体的に学習に取り組む態度」は、授業の合間に伝える
　特に「主体的に取り組む態度」については、授業の合間で、時間があるときに伝えるようにします。

「主体的に取り組む態度の評定は、授業中の発表内容の質、ノートの内容の質、それからスピーチの後のふり返りでつけます。それぞれ3点満点で、8点以上がA評価、4点以下がC評価です」というように伝えておきます。

子どもにとっても、授業の中で言われていれば、それは授業に取り組む態度として、調整しやすくなるはずです。

たとえば、「私は発表が得意じゃないから、発表はそこそこにして、ノートに自分の考えをしっかりとまとめられるようにしよう」というように、自分の取り組み方を見つめる機会にもできます。

ただし、あまりくどくどと言わないようにすることです。

評価をおどしの道具のように用いてはなりません。

「見た目だけ、きちんとしているようにがんばろう」とするのは、「見た目だけで中身のともなわないもの」として「態度主義」と批判されているものであり、それは「主体的に学習に取り組む態度」とはいえません。

② 実技テストやパフォーマンス課題は、実施するときに伝える

実技テストやパフォーマンス課題を実施するときには、評価の点と、それが通知表

のどの項目に影響するのかを伝えるようにします。

「国語の「知識・技能」の項目は、作文3点、音読のテスト3点、書写3点、普段のテストの裏面を91点に小さく縮めたもので、合計100点満点にして成績を決めています。95点以上が『よくできる』のA評価、60点以下が『がんばろう』のC評価です。その間が『できる』のB評価です」というように伝えます。

③ そのほかは、通知表を渡すときに伝える

そのほかの項目については、通知表を返却した直後に、子どもへ伝えるようにします。全員に配り終えたら、一項目ずつ説明していきます。

「では、渡した通知表を確認します。1番上の項目から、一緒に見ていきましょう。まずは、国語の1番上の項目ですが……」というように、1つずつ、何をもってその評定を出しているのかを伝えていきます。

小学校で、全教科を受け持っている場合は、自分で伝えることができます。小学校高学年の教科担任制や中学校において、自分以外が教えている場合には、何をもって評定をつけているのか、あらかじめ担当の先生にたずねておくようにしましょう。

第9章 各教科の総括的評価方法

各教科の評定方法

▼通知表の評定を決める1例として

ここからは、各教科の評定の方法について、できるだけ詳細に明記していきたいと思います。

あくまでも、ここでは私個人のベストだと考える方法を示していきたいと思います。これを参考にして、学習の取り組みに合った形の評定方法を模索して頂ければと願うところです。

各教科ごとの「思考・判断・表現」については、パフォーマンス課題とルーブリックの例を示しますので、これも参考にしてみてください。

「主体的に学習に取り組む態度」の評価テクニック

「主体的に学習に取り組む態度」については、全教科でかなり似通っているところがあります。まずは、主体的に学習に取り組む態度の評価について見ていきましょう。

①　ノートやワークシートの内容（３点）

ここで見るのは、ノートやワークシートに普段の授業の取り組みが、どのように表れているのかを見ます。未提出の項目は、Ｃ評価です。また、提出していたとしても、書いていないに等しいようであれば、Ｃ評価とします。

ノート確認のルーブリック例

Ａ評価（３点）…各教科の見方・考え方を働かせながら授業のノートを記述している。

Ｂ評価（２点）…授業のノートを記述している。

Ｃ評価（１点）…授業のノートを記述していない。

（日常の授業のノート不提出か、それに近い状態）

②　授業中の発表内容・行動観察（3点）

授業への参加態度を見ます。具体的には、発表内容を中心に見るようにします。学期に3回ほど授業を抽出し、その中での子どもの発言を記録します。記録用紙に、重ねるようにして記録します。基本的発言があれば、B評価。よい発言の子どもは、Aに書き換える。何も記録の残らない子どもは、C評価ということになります。

ただし、教科によっては、発言内容の少ない教科もあります。そういう教科では、子どもの授業への行動観察をしましょう。たとえば、図画工作などでは、準備や片づけに取り組む態度を見ることもできるでしょう。発表が少ない教科の場合は、授業に取り組む態度について評価し、これを記録として残しておくようにします。

以下の項目で、9点法で評定を決めます。

授業中の発表内容のルーブリック例

A評価（3点）…各教科の見方・考え方を働かせながら授業に参加している。

B評価（2点）…授業に参加している。

C評価（1点）…授業に参加していない。

（挙手発言なしか、それに近い状態）

③　パフォーマンス課題のふり返り（3点）

パフォーマンス課題を実施した後は、相互評価を経て、自己評価をします。この自己評価が、「パフォーマンス課題のふり返り」にあたります。

自分なりに学習をふり返ってどう考えるのか、どのような点が至らなかったのか、次にどのような点に気をつければよいかなど、自己調整する力が発揮できているかどうかを見取り、点数化します。

パフォーマンス課題のふり返りのルーブリック例

A評価（3点）…自己調整力を働かせながら、ねばり強く取り組むことができている。

B評価（2点）…ねばり強く取り組むことができている。

C評価（1点）…ねばり強く取り組むことができていない。

（パフォーマンス課題未提出や未完成、それに近い内容）

国語の評価テクニック

▼「知識・技能」の評価（計100点）

・ペーパーテスト（91点）

・**実技テスト①　作文の正しさ**（3点）

ここでいう作文とは、主語と述語の関係や、修飾・被修飾との関係や、指示する語句と接続する語の役割、段落の役割など、文章が正しく構成されているかどうかを見ます。

・**実技テスト②　字の丁寧さ**（3点）

書写は、3～6年生であれば、主に毛筆や硬筆の習字の内容を評定として取り入れます。文字の組み立て方を理解し、形を整えて書くことができているかどうかを見ます。

・**実技テスト③　音読や朗読**（3点）

音読は、音読テストを行います。学期の終わり頃に、文章を指定して、一人ずつ音読や朗読を行わせて評価します。

「思考力・判断力・表現力」の評価（計100点）

国語は、全教科の中でも、特殊な教科です。「思考・判断・表現」の評価の内に、「話すこと・聞くこと」「書くこと」「読むこと」の３つが含まれています。

したがって、１学期ごとに、３つのパフォーマンス課題を行い、ルーブリックを１観点ずつ決め、それぞれ３点ずつ評価して、これを合算した点数で９点法による評価を行います。

・ペーパーテスト（91点）

「話す・聞くテスト」の内容もここに含まれます。

・「話す」　パフォーマンス課題①

例　スピーチ（3点）

「学校のお気に入りの場所を１年生に紹介しよう」

	表現の工夫
A評価（３点）	理由や事例などを複数あげながら、話の中心が明確になるよう話の構成を考えている。
B評価（２点）	理由や事例などをあげながら、話の中心が明確になるよう話の構成を考えている。
C評価（１点）	話の構成を考えていない。

・「書く」パフォーマンス課題②

例　創作系の作文（3点）

「こんなもの、見つけたよ」

・「読む」パフォーマンス課題③

例　物語を読んだうえでの制作物や感想文（3点）

「絵本の部屋を1年生が楽しく使ってくれるように、分かりやすい紹介カードを書きましょう。お話カードには、題名、作者、登場人物、あらすじ、お気に入りのところがはっきりと分かるように書きましょう」

	表現の工夫
A評価（3点）	文章全体のあらましが分かるように、筋道立てて紹介文を書いている。
B評価（2点）	文章全体のあらましが分かるように紹介文を書いている。
C評価（1点）	文章全体のあらましが分かるように紹介文を書いていない。

	表現の工夫
A評価（3点）	はじめ・中・終わりの構成に気をつけながら、伝えたいことを書いている。
B評価（2点）	はじめ・中・終わりの構成に気をつけながら書いている。
C評価（1点）	はじめ・中・終わりの構成に気をつけながら書いていない。

社会の評価テクニック

▼「知識・技能」の評価（計100点）

・ペーパーテスト（１００点）

▼「思考力・判断力・表現力」の評価（計100点）

・ペーパーテスト（91点）
・パフォーマンス課題　例　チラシづくり（９点）
「○○市案内書では、今度、○○市のみりょくがいっぱいつまったお店を作ることになりました。売る人も買う人もどちらもうれしくなるように、仕入れ方や売り方の工夫をします。大勢の人がやってきてくれるように、お店のみりょくが伝わるチラシを作りましょう」

	習得した知識の活用	表現の工夫	多面的な内容構成
A評価（３点）	学び得た知識を正しく用いている。	魅力を分かりやすくまとめている。	仕入れ方や売り方の工夫が複数書かれている。
B評価（２点）	学び得た知識をほぼ正しく用いている。	魅力をまとめている。	仕入れ方や売り方の工夫が書かれている。
C評価（１点）	学び得た知識を正しく用いていない。	魅力をまとめていない。	仕入れ方や売り方の工夫が書かれていない。

算数の評価テクニック

▼「知識・技能」の評価（計100点）

・ペーパーテスト100点

▼「思考力・判断力・表現力」の評価（計100点）

・ペーパーテスト（91点）

・パフォーマンス課題　例　解決過程の説明（9点）

「あなたは、○小学校の先生です。校外学習を計画することになりました。○小学校を朝8時30分に出発し、午後3時30分には学校へもどってきます。子どもの歩く速さを時速3キロメートルとして、校外学習の計画を立ててください」

	習得した知識の活用	表現の工夫	多面的な内容構成
A評価（3点）	立式と解答が正しい。	3段論法を活用している。	複数の解法をまとめている。
B評価（2点）	立式はできているが、解答は正しくない。	3段論法を一部活用している。	1つの解法をまとめている。
C評価（1点）	立式できていなくて解答は正しくない。	3段論法を活用していない。	解法を1つもまとめられない。

理科の評価テクニック

▼「知識・技能」の評価（計100点）

・ペーパーテスト（91点）
・実験観察①「観察・実験の記録」（3点）
・実験観察②「観察・実験の記録」（3点）
・実験観察③「観察・実験の記録」（3点）

▼「思考力・判断力・表現力」の評価（計100点）

・ペーパーテスト（91点）
・パフォーマンス課題　例　理科ポスターづくり（9点）

「あなたは、理科委員です。全校生徒に、学校でかっているメダカの一生が分かるようにイラスト入りの掲示物をつくりなさい。卵の中の変化の様子がよく分かるようにしなければいけません。また、ほかの生き物と比べて、共通点やちがう点を書き加えましょう」

	習得した知識の活用	表現の工夫	多面的な内容構成
A評価（3点）	受精し成長するという知識を正しく用いている。	成長の進み方が分かるライフサイクルを分かりやすくまとめている。	雌と雄の違いが複数書かれている。
B評価（2点）	受精し成長するという知識を概ね正しく用いている。	成長の進み方が分かるライフサイクルをまとめている。	雌と雄の違いが１点書かれている。
C評価（1点）	受精し成長するという知識を正しく用いていない。	成長の進み方が分かるライフサイクルをまとめていない。	雌と雄の違いが１点も書かれていない。

生活の評価テクニック

▼「知識・技能」の評価（計9点）

①授業のワークシートの1回目（3点）
②授業のワークシートの2回目（3点）
③授業のワークシートの3回目（3点）

▼「思考力・判断力・表現力」の評価（計9点）

生活で学んだことを、新聞などにまとめます。
新聞づくりなどで、ルーブリックの9点法で評価します。

・**パフォーマンス課題　例　新聞づくり（9点）**
「ウサギの生活について、1年生に分かるように新聞にまとめよう」

	習得した知識の活用	表現の工夫	多面的な内容構成
A評価（3点）	ウサギの成長の様子を正しく書いている。	生き物への親しみを分かりやすく表現している。	ウサギの飼い方を複数まとめている。
B評価（2点）	ウサギの成長の様子を概ね正しく書いている。	生き物への親しみを表現している。	ウサギの飼い方をまとめている。
C評価（1点）	ウサギの成長の様子を正しく書いていない。	生き物への親しみを表現していない。	ウサギの飼い方をまとめていない。

音楽の評価テクニック

▼「知識・技能」の評価（計9点）

実技テストを行い、9点法で評価します。

①歌唱（3点）
②器楽（3点）
③音楽づくり（3点）

▼「思考力・判断力・表現力」の評価（計9点）

・パフォーマンス課題　例　合唱（9点）

「合唱コンクールで、響きのある、美しい、心が1つになった合唱を、聴いている人に届けよう」

	習得した知識の活用	表現の工夫	鑑賞
A評価（3点）	楽曲の持つ曲想や歌詞から伝わる思いを、歌声にして合唱している。	問題を見つけ、その問題を解決するための方法を複数考えている。	鑑賞についての知識を生かしながら、曲や演奏の良さを見い出している。
B評価（2点）	楽曲の持つ曲想や歌詞から伝わる思いを、歌声にしようとしている。	問題を見つけ、その問題を解決するための方法を考えている。	曲や演奏の良さを見い出している。
C評価（1点）	楽曲の持つ曲想や歌詞から伝わる思いを、歌声にしようとしていない。	問題を解決するための方法を考えていない。	曲や演奏の良さを見い出していない。

体育の評価テクニック

▼「知識・技能」の評価（計12点）

・保健のペーパーテスト（3点）
・実技テスト①（3点）
・実技テスト②（3点）
・実技テスト③（3点）

▼「思考力・判断力・表現力」の評価（計9点）

単元の最終場面に、作戦に基づいた試合・発表会・記録会などを実施します。

・パフォーマンス課題　例　発表会（9点）
「マット運動発表会をしよう」

	習得した知識の活用	表現の工夫	多面的な内容構成
A評価（3点）	難易度の高い技を取り入れ、安定して行っている。	スムーズな動きになるよう、技の組み合わせを工夫している。	自分の考えを詳しく友達に伝えている。
B評価（2点）	自己の能力に適した技を取り入れている。	技の組み合わせを工夫している。	自分の考えを友達に伝えている。
C評価（1点）	自己の能力に適した技を取り入れていない。	技の組み合わせを工夫していない。	自分の考えを友達に伝えていない。

家庭科の評価テクニック

▼「知識・技能」の評価（計100点）

裁縫や調理などの実技の単元では行程を評価します。実技テストがない場合は、ワークシートを３枚抽出して評価します。

・ペーパーテスト（91点）
・実技テスト①「行程・ワークシート」（３点）
・実技テスト②「行程・ワークシート」（３点）
・実技テスト③「行程・ワークシート」（３点）

▼「思考力・判断力・表現力」の評価（計9点）

・パフォーマンス課題　例　ナップザック制作（９点）
学校で習ったこと（調理など）を実践することを課題として、タブレットを持ち帰り、動画制作をすることも可能です。

	習得した知識の活用	表現の工夫	多面的な内容構成
A評価（３点）	手縫いやミシン縫いが正確にできている。	生活を豊かにしようと制作を工夫している。	制作計画を綿密に考えてワークシートにまとめている。
B評価（２点）	手縫いやミシン縫いが概ねできている。	制作を工夫している。	制作計画を考えてワークシートにまとめている。
C評価（１点）	手縫いやミシン縫いができていない。	制作を工夫していない。	制作計画を考えていない。

図工の評価テクニック

▼「知識・技能」の評価（計9点）

①「材料や用具の使い方」（3点）
②「小作品」（3点）
③「小作品」（3点）

▼「思考力・判断力・表現力」の評価（計9点）

パフォーマンス課題　例　作品の創作表現
・ルーブリック①　構想（3点）
・ルーブリック②　作品の制作（3点）
・ルーブリック③　鑑賞レポート（3点）

	構想	作品の制作	鑑賞
A評価（3点）	材料や空間の特徴に合わせて、どのように活動するか考えて、下書き用紙にまとめている。	表現に適した材料や用具を組み合わせて活用し、表現している。	表現の意図や特徴、表し方の変化などについて、感じ取ったり考えたりしたことを文章にまとめている。
B評価（2点）	材料に合わせて、どのように活動するか考えて、下書き用紙にまとめている。	表現に適した材料や用具を活用して表現している。	感じ取ったり考えたりしたことを文章にまとめている。
C評価（1点）	材料に合わせて、どのように活動するか考えて、下書き用紙にまとめていない。	表現に適した材料や用具を活用して表現していない。	感じ取ったり考えたりしたことを文章にまとめていない。

外国語の評価テクニック

▼「知識・技能」の評価（計100点）

・ペーパーテスト（100点）

▼「思考力・判断力・表現力」の評価（計100点）

・ペーパーテスト（91点）

・パフォーマンス課題　例　自己紹介スピーチ（9点）

	書くこと	話すこと	発音
A評価（３点）	語と語の区切りに注意して、基本的な表現を書き写す。	簡単な語句を複数用いて、自分の趣味や得意なことを含めた自己紹介をする。	すべて正確に発音している。
B評価（２点）	基本的な表現を書き写す。	簡単な語句を用いて、自分の趣味や得意なことを含めた自己紹介をする。	概ね正確に発音している。
C評価（１点）	基本的な表現を書き写していない。	簡単な語句を用いて、自分の趣味や得意なことを含めた自己紹介ができていない。	正確に発音していない。

story 9　評価への認識
評価についてずいぶん勘違いしていたなあ
でも、これで自信をもって成績をつけることができます
評価の解釈が教師によって変わってしまうと子どもたちが困るんだ
子どもたちの成長のためにもきちんとした解釈で評価を捉えておくことは必要だね
はい！
ただ、評定のつけ方に関してはこれが正解というわけではない
あくまでも一例として参考にしてほしい
教材や単元によって配分は変わりますもんね
これからやり方を見つけてみます
まだ教育の歴史は浅い
試行錯誤の段階だ　だからきっとまた評価については変更がなされていくだろう
教育は未来を創るものであり不易にとどまってはいけない
だからこそ変化が求められる

とはいえ変わらないものもある
え？
それは「学習評価は子どものためにある」という根本的な精神だ
A
B
C
学習評価は「できる」「できない」というように子どもを序列・選別するものではない
何よりも、まずは教育活動としての授業を充実させよう
発問は……板書は……
子どもがつまずいた場合には子どもの責任のみではなくて教育する側の問題性を考えるようにしよう
子どもを値踏みするのではなくてできない子どもを救うのだという気概を持って学習評価をしていきたいね
はい！
よーし学習評価を工夫してよりよい授業づくりを目指すぞ！

おわりに

さて、いかがでしたでしょうか。

私としては、研究と現場をつなぐようなつもりで、本書を書き上げました。研究の場で述べられている評価の考え方から、学校現場で成績づけをするために必要な理論を絞って書くよう心がけました。

現場で使えるように簡略化してまとめていますので、さらに詳しく知りたい方は、参考文献の書籍にあたってみることをオススメします。

戦後から約半世紀にわたって続いた相対評価の時代では、教師が成績づけで悩むことは、ほとんどなかったといえます。なぜなら、はじめから割り当てられている人数の配分に従って、子どもを当てはめるだけでよかったからです。

しかし、そのような方法が教育的かと問われれば、決して認められるものではありません。分布表で決めるやり方では、「子どもが分布していればよりよい」ということになります。よくできる子どももいれば、まったくできない子どももいた方がよいのです。それはつまり、一定程度の子どもの「教育の失敗」を期待することにも繋がってしまいます。

「目標に準拠した評価」では、そのような反省をふまえて、到達目標と照らし合わせて評価することになりました。まさに、教育的な学習評価ができる時代になったといえるでしょう。

ただし、ここで新たに評価の問題が発生することになります。

「どのように成績をつければよいのかが分からない」という問題です。先生ごとに成績の付け方が異なるために、子どもの側も、「何を評価されているのかが分からない」「何をがんばればよいのかが分からない」ことになってしまいました。

また、パフォーマンス課題も、方法としては優れているものの、成績づけへの取り入れ方が明確ではなく、「やりっぱなし」になるか、あるいは「まったくやらない」という事態に陥っていました。

成績づけの具体的な方法が明確でないことについて、私は問題意識を持ちました。相対評価の時代のように、一律で評定を決定することはできないし、やってはなりません。教師には、評価方法の工夫が求められます。

その一方で、評価が教師の業務量を圧迫するようでもいけません。評価への負担が増してしまえば、その分、授業への準備ができなくなってしまいます。煩雑な評価で教師が疲弊してしまい、授業がおろそかになるようであれば本末転倒だといえます。

そこで私が出した結論は、「適度に困難な評価方法で成績を決定すること」です。

どうやって成績づけをすればよいかという枠組みを設けます。

枠組みさえあれば、教師は「どのように成績をつければよいのかが分かる」ようになります。枠組みをもとにして、成績を決定しようと思考錯誤します。

これであれば、一定程度の客観性と信頼性のある成績づけができることでしょう。

子どもにしてみても、「何を評価されているのかが分かる」ようになるし、「何をどのように努力すればよいのかが分かる」ようになるはずです。

私は、このような枠組みをつくろうと思い、本書を書き上げたというわけです。


ここで挙げている方法を一例として参考にしてもらえればと思います。

学習評価について考えをつくる手がかりとして、本書がお役に立てれば幸いです。

三好　真史

参考文献

石井英真『中学校・高等学校　授業が変わる　学習評価深化論』図書文化社（２０２３）

田中耕治編『よくわかる教育評価［第2版］』ミネルヴァ書房（２０１０）

田中耕治『教育評価の未来を拓く―目標に準拠した評価の現状・課題・展望―』ミネルヴァ書房（２００３）

田中耕治『学力評価論の新たな地平―現代の「学力問題」の本質とは何か』三学出版（１９９９）

文部科学省『小学校学習指導要領（平成29年告示）』東洋館出版社（２０１８）

梶田叡一『教育評価』有斐閣（１９８３）

唐澤富太郎『近代日本教育史』誠文堂新光社（１９６８）

天野正輝『教育評価史研究―教育実践における評価論の系譜』東信堂（１９９３）

中内敏夫、三井大相『これからの教育評価』有斐閣（１９８３）

中内敏夫『子どもを伸ばす形成的評価』日本標準（１９８４）

中内敏夫『学力とは何か』岩波書店（１９８３）

細谷俊夫、渋谷憲一、松村謙『新指導要録・通知票記入の実際　評価のシステム化をめざす　小学校編』教育出版（１９７１）

村越邦男『子どものための教育評価』青木書店（１９７８）

田中博之『実践事例でわかる！アクティブ・ラーニングの学習評価』学陽書房（２０１７）

石井英真、鈴木秀幸『ヤマ場をおさえる学習評価　小学校』図書文化社（２０２１）

田中博之『「主体的・対話的で深い学び」学習評価の手引き―学ぶ意欲がぐんぐん伸びる評価の仕掛け』教育開発研究所（２０２０）

田中博之『アクティブ・ラーニング「深い学び」実践の手引き―新学習指導要領のねらいを実現する授業改善』教育開発研究所（２０１７）

西岡加名恵『教科と総合学習のカリキュラム設計―パフォーマンス評価をどう活かすか』図書文化社（２０１６）

西岡加名恵、石井英真、田中耕治編『新しい教育評価入門―人を育てる評価のために』有斐閣（2015）
田中耕治編『2019年改訂指導要録対応 シリーズ・学びを変える新しい学習評価 文例編 新しい学びに向けた新指導要録・通知票〈小学校〉』ぎょうせい（2020）
田中耕治編『2019年改訂指導要録対応 シリーズ・学びを変える新しい学習評価 理論・実践編① 資質・能力の育成と新しい学習評価』ぎょうせい（2020）
田中耕治編『2019年改訂指導要録対応 シリーズ・学びを変える新しい学習評価 理論・実践編② 各教科等の学びと新しい学習評価』ぎょうせい（2020）
田中耕治編『2019年改訂指導要録対応 シリーズ・学びを変える新しい学習評価 理論・実践編③ 評価と授業をつなぐ手法と実践』ぎょうせい（2020）
西岡加名恵、石井英真編著『教育評価重要用語事典』明治図書（2021）
B・S・ブルーム著、稲葉宏雄、大西匡哉監訳『海外教育研究の新動向3 すべての子どもにたしかな学力を』明治図書出版（1986）
B・S・ブルーム、J・T・ヘスティングス、G・F・マドゥス著、梶田叡一、渋谷憲一、藤田恵璽訳『教育評価法ハンドブック―教科学習の形成的評価と総括的評価―』第一法規出版（1973）
バリー・J・ジマーマン、ディル・H・シャンク編著、塚野州一編訳『自己調整学習の理論』北大路書房（2006）
ディル・H・シャンク、バリー・J・ジマーマン編著、塚野州一編訳『自己調整学習の実践』北大路書房（2007）
西岡加名恵編著『「逆向き設計」で確かな学力を保障する』明治図書出版（2008）
石井英真『中教審「答申」を読み解く―新学習指導要領を使いこなし、質の高い授業を創造するために』日本標準（2017）
ダイアン・ハート著、田中耕治監訳『パフォーマンス評価入門―「真正の評価」論からの提案―』ミネルヴァ書房（2012）

髙木展郎『評価が変わる、授業を変える　資質・能力を育てるカリキュラム・マネジメントとアセスメントとしての評価』三省堂（２０１９）
G・ウィギンズ、J・マクタイ著、西岡加名恵訳『理解をもたらすカリキュラム設計』日本標準（２０１２）
アンジェラ・ダックワース著、神崎朗子訳『GRIT　やり抜く力　人生のあらゆる成功を決める「究極の能力」を身につける』ダイヤモンド社（２０１６）
キャロル・S・ドウェック著、今西康子訳『マインドセット「やればできる！」の研究』草思社（２０１６）
堀哲夫『授業と評価をデザインする　理科　質の高い学力を保障するために』日本標準（２０１０）
瀧沢広人『小学校　外国語活動＆外国語の新学習評価ハンドブック―単元末テスト・パフォーマンステストの実例つき！』明治図書出版（２０２０）
梶田叡一『名著復刻　形成的な評価のために』明治図書出版（２０１６）
梶田叡一『教育評価を学ぶ―いま問われる「評価」の本質』文溪堂（２０２０）
田中耕治編著『パフォーマンス評価　思考力・判断力・表現力を育む授業づくり』ぎょうせい（２０１１）
奥村好美、西岡加名恵編著『「逆向き設計」実践ガイドブック　『理解をもたらすカリキュラム設計』を読む・活かす・共有する』日本標準（２０２０）
石井英真『現代アメリカにおける学力形成論の展開―スタンダードに基づくカリキュラムの設計』東信堂（２０１１）
奈須正裕『「資質・能力」と学びのメカニズム』東洋館出版社（２０１７）
R・J・マルザーノ、J・S・ケンドール著、黒上晴夫、泰山裕訳『教育目標をデザインする―授業設計のための新しい分類体系』北大路書房（２０１３）
橋本重治『学習評価の研究』図書文化社（１９７１）
橋本重治『到達度評価の研究―その方法と技術―』図書文化社（１９８１）
橋本重治『続・到達度評価の研究―到達基準の設定の方法―』図書文化社（１９８３）

プロフィール

三好真史（みよし　しんじ）
1986年大阪府生まれ。
堺市立小学校教諭。
令和4年度より京都大学大学院教育学科に在籍し、「橋本重治の成績評価論」について研究。
メンタル心理カウンセラー。
教育サークル「ふくえくぼの会」代表。
著書に
『子どもがつながる！　クラスがまとまる！
　学級あそび101』（学陽書房）
『教師の授業技術大全』（東洋館出版社）
『指名なし討論入門』（フォーラム・A）
など。

学習評価入門

2023年12月20日　初版　第1刷発行
2024年9月30日　　　　第3刷発行

著　者　三好真史
発行者　面屋　洋
発行所　フォーラム・A
〒530-0056　大阪市北区兎我野町15-13
TEL（06）6365-5606
FAX（06）6365-5607

デザイン　ウエナカデザイン事務所
イラスト・漫画　楠美マユラ
印　刷　尼崎印刷株式会社
製　本　株式会社高廣製本
制作編集担当　河嶋紀之・藤原幸祐

ISBN978-4-86708-111-2　C0037